新約聖書

100問勝負

杉山光男＋
歴史文化100問委員会

出窓社

新約聖書100問勝負◆目次

序章 旧約聖書の世界

第一章 イエスという男

第二章　イエスとその弟子たち

第三章　天才パウロ登場

第四章 新約聖書の成立

第序章

旧約聖書の世界

第01問 旧約聖書って何？

答 ユダヤ教の「聖なる文書」で、キリスト教にとっても「聖典」。

本屋さんへ聖書を買いに行った人が、店員に「新約ですか、旧約ですか？」と問われて、「翻訳は新しいほうがいいです」と応えたという笑い話があったが、一般の日本人は、「聖書」に「旧約」「新約」の別があることは知っていても、それにどういう違いがあり、それが何に由来するものかを理解している人は、案外少ない。

『旧約聖書』と『新約聖書』とは、まったくの別モノである。ただ、『新約聖書』の世界、すなわちキリスト教の成立の事情を語るには、その背景として、『旧約聖書』の世界についてある程度は知っておかなければならない。したがって、序章として、『旧約聖書』を取り上げるわけである。

では、『旧約聖書』とは何か？　それは一言でいえば、ユダヤ教の「聖なる文書」である。もっとも、『旧約聖書』という呼称はキリスト教のもので、ユダヤ教では、これを、「律法（トーラー）と預言者たち（ネビイーム）と諸冊（ケトゥビーム）」と呼んでいる。

キリスト教では、『旧約聖書』は、神との古い契約の書であり、それは『新約聖書』によって新しく更新されたものと考える。したがって、『旧約聖書』の規定は無効になったものと見なす。しかし、『旧約聖書』をまったく無視するというわけではない。ただキリスト教徒にとって都合の悪い部分が

『旧約聖書』には多々あるため、それなりに尊重はするが、そういう部分は、「契約は更新されてるから、関係ないもんね」と言って切り捨てられる仕組みになっているのだ。

ユダヤ教徒から見たら、こういうキリスト教の態度は、まったく頭にくるもののはずだ。本来ユダヤ教の「聖なる文書」なのに、勝手に「旧約」などという冠をかぶせ、いちおう崇《あが》めているようなふりをしながら、都合の悪い部分は、勝手に「これは古い契約だから」といって無視する。それなら、旧約を「聖書」などと呼ばずに、「新約」だけを聖典にすればよいものを、ユダヤ教の聖典までも、自分たちの都合のよいところだけを利用する。キリスト教徒というのは、いったいどういうつもりなんだ！　これが、ユダヤ教徒の素朴な疑問というか、怒りなのであろう。

キリスト教の母胎がユダヤ教だということは、ほとんどの人が知っているだろうが、キリスト教がどういう経緯でユダヤ教から生まれ、そこから分離独立していったのか？　また、キリスト教がユダヤ教から完全に独立してしまった後も、ユダヤ教の聖典を、そのままキリスト教の聖典として採用しているのはなぜなのか？　などについては、あまりご存知ないだろう。実は、そこには多くの謎があるのだ。

これまで、キリスト教やユダヤ教に関する書物はそれこそ無数に出版されてきたし、両者の関係について言及しているものも少なくない。しかし、それでも、こうした謎を十分に解明しているとは言いがたい。その謎を一つずつ解明していこうというのが、本書の趣旨である。

はじめに神は天と地とを創造された。（創世記 1-1）

注……聖書の引用は、すべて日本聖書協会 1955 年改訳版に拠った。1-1 などの表記は「第１章第１節」を意味する。

第02問

ユダヤ教徒ってどういう人

答 「聖なる書」（いわゆる『旧約聖書』）と「タルムード」を信奉する人々。

ユダヤ教徒にとって「聖なる書」（いわゆる「旧約聖書」）と同様、場合によっては、それ以上に重視されているのが「タルムード」である。「タルムード」とは、ヘブライ語で「教義・教訓」を意味し、ミシュナー（経典）とゲマラ（注釈）からなる。ミシュナーは、歴代のラビ（教師）が、トーラー（律法）から導き出した社会全般にわたる規定で、ゲマラはその注解・解説である。成文化されたのは、四世紀末（これを「パレスチナ・タルムード」という）および六世紀末（これを「バビロニア・タルムード」という）だが、「タルムード」的なものは、前五八六年の「バビロン捕囚《ほしゅう》」以後徐々に形成され、ユダヤ教徒にとって重要な規範とされてきた。

いわゆる『旧約聖書』においても、イスラエルの民（ユダヤ人）は神と契約した特別な民族（選民）とされているが、それが「タルムード」になると、この「選民」意識が強調され、他の民族は下等な者であるとされている。

ところで、今日のユダヤ人には、民族的ルーツを異にする二種類のユダヤ人が存在しているといわれている。一つは、『旧約聖書』の「創世記」に登場する、アブラハムの血を引くとされる「スファラディ・ユダヤ人」、もう一つは、「アシュケナージ・ユダヤ人」と呼ばれる人たちで、一説には、七

～十世紀に、黒海からカスピ海にかけて国家を築いたハザル族こそ、そのルーツではないかと言われている。

ハザル族の国は、西にキリスト教のビザンチン（東ローマ）帝国、南にイスラム教のウマイヤ朝と隣接し、主にビザンチン帝国と同盟して、イスラム教国の進出を防いできた。このハザル族の国家が、ユダヤ教を国教としていたのだ。なぜ、この国が直接的に関係ないはずのユダヤ教を国教にしたのか。一つには、宗教に寛大だったために、キリスト教国やイスラム教国で迫害を受けたユダヤ教徒たちの避難所となっていたこと、もう一つには、ハザル族の独立性を保つために、キリスト教でもなく、イスラム教でもなく、しかも、その両方の宗教の母胎となったユダヤ教が選ばれたものと思われる。

伝承によれば、ハザル族の王は、キリスト教、イスラム教、ユダヤ教それぞれの代表を論争させ、かつ、キリスト教とイスラム教の代表を個別に招いて、キリスト教徒には、「強いて言えば、イスラム教とユダヤ教のどちらが真理に近いか」と尋ね、イスラム教徒にも同様に、「強いて言えば、キリスト教とユダヤ教のどちらが真理に近いか」と尋ねたという。どちらも、「それはユダヤ教だ」と答えたので、王はユダヤ教を国教としたということである。もっとも、論争させるまでもなく、ユダヤ教を国教とするつもりだったのだろう。

このハザル族の国家はロシアの進出によって衰微し、やがてモンゴル民族の猛威にさらされて滅亡してしまう。こうして「ユダヤ人の国」は消滅し、トルコ系民族に吸収されていった。このハザル族のユダヤ教徒をルーツとするものこそ、「アシュケナージ・ユダヤ人」ではないかというのであるが、そのあたりは実は大きな謎につつまれている。

これは彼らの言葉と行いとが主にそむき、その栄光の目をおかしたので、エルサレムはつまずき、ユダは倒れたからである。（イザヤ書 3-8）

第03問

ユダヤ教の起源はいつ？

答　紀元前一七五〇年頃？

宗教には二つのタイプがある。一つは、明確な教祖がいて、いつ、誰が、どんなふうに始めたのかがはっきりしている宗教である。現在世界三大宗教といわれている、仏教、キリスト教、イスラム教には、それぞれ、釈迦、イエス、マホメットという創始者がいるし、三大宗教に限らず、たとえば、日本にある多くの宗教が、始まりのはっきりしている宗教といってよい。ほとんどの新興宗教と呼ばれるものがそうである。

それに対して、いつ、誰が始めたのかがはっきりしないというタイプの宗教がある。日本の神道などは、いつごろ、誰によって始められたのか分からない。インドのバラモン教やヒンドゥー教もそうである。そして、ユダヤ教も、そうしたタイプの宗教なのである。

いつ、誰が、何の目的で始めたのかがはっきりしない。にもかかわらず、その教えは、他の宗教に見られないほど厳格で、それを遵守《じゅんしゅ》している人の割合が大きいというのが、ユダヤ教の特徴でもある。

さて、『旧約聖書』は、「創世記」に始まる。そこではまず、神による天地創造が語られ、次に有名な「アダムとイヴ」の物語が展開される。そして、神の命令に背いてエデンの園を追放されたアダムとイヴの子供たちの話が続く。二人の子である農耕者カインは、牧羊者である弟のアベルを殺し、その呪いによって地上の放浪者となり、エデンの東に町を作る。その子孫が増え悪がはびこったので、神は人間を造ったことを後悔して大洪水を起こし、人類を滅ぼそうと考えるが、「義」の人ノアとその家族だけは助けようと思い、箱舟を造らせて洪水の難を免れさせる。この「ノアの箱舟」の話も非常に有名である。

さて、そこから歳月は流れてノアの子孫たちの時代になり、アブラムという人物の物語となる。アブラムは放浪と幾多の困難を経て、神から「義」と認められ、「わたしはあなたを大いなる国民とし、あなたを祝福し、あなたの名を大きくしよう。あなたは祝福の基となるであろう」と言われる。ここにアブラムと神との契約が成立する。その後、アブラムは九十九歳のときに、神から「あなたを多くの国民の父とする」と言われ、その命令によってアブラハムと改名する。

このアブラハムこそ、イスラエルの始祖とされる人物である。この人物が果たして実在の人物だったのか否かは、もちろん確認のしようがないし、実話かどうかも分かるはずがない。しかしながら、彼の物語を検討してみると、放浪の遊牧民族から、定住の農耕民族へ移行しようとする古代イスラエル民族の苦心と悲願とがよく反映されているようである。現在では「聖書の考古学」というジャンルも発達し、聖書の物語が、歴史的にはいつの時代のものかが、ある程度は特定できるようになってきている。アブラハムのエピソードのあった時代は、紀元前一七五〇年頃のことではないかと推定されているが、だとするとユダヤ教の起源は、このときに遡ると言っていいかもしれない。

神はノアおよび共にいる子らに言われた、「わたしはあなたがた及びあなたがたの後の子孫と契約を立てる」（創世記9-8、9）

第04問

ユダヤ教の神の名は？

答 「ヤーヴェ」とか「エホバ」とか呼ばれているが、本来の名前は分からない。

ユダヤ教の律法の一つに、「みだりに神の名を呼んではならない」というのがある。ということは、神、英語でGODには、名前があるということになる。この神の名前は、普通「ヤーヴェ」とか「エホバ」とか呼ばれているが、イスラエル民族の始祖アブラハムが契約を結んだ当時、あるいは、その後モーセが「十戒」を授けられた当時、この神が何と呼ばれていたかは実は不明なのである。なぜなら、一つは、前述の「みだりに神の名を呼んではならない」という律法のために、神の名前の正確な発音が、必ずしも代々正しく伝えられたとは限らないからである。

さらに古代のユダヤ人たちは、パレスチナの地を征服して定住し、紀元前一〇〇〇年ころ強大な王国を築いたが、それも長くは続かず、やがて周辺諸民族から蹂躙《じゅうりん》され、世界中に分散せざるを得なくなってしまった。特に紀元前六世紀におこった、新バビロニアによる征服とたび重なる「バビロン捕囚」、エルサレム神殿の破壊によって、ユダヤ教は大打撃を受けた。亡国の民となったユダヤ人たちは、捕囚の地や逃亡の地で、細々とユダヤの教えを伝え続けるしかなかったのである。

こうした歴史の積み重ねによって、古代のユダヤ人たちが、ごく稀に呼んでいたであろうはずの神の本来の名前は、永遠の謎となってしまった。

では、「ヤーヴェ」とか「エホバ」というのは、一体何なのか。永遠の謎となったとはいえ、多少の伝承は残ったし、文字としても「YHWH」という、子音だけの四文字が残されている。これを、「ヤハウヘ」とか「ヤハウェ」とか「ヤーヴェ」とか、あるいは、かなり訛《なま》って「エホバ」とか呼び伝えてきたというわけである。

しかし、考えてみれば、もともと神に名前なんて必要なのだろうか。だいたい「みだりに呼ぶな」と言うくらいだから、名前なんて知らない方がいいくらいではないか。何かお願いごとをしたり、危険な目に逢うたびに、「おお神よ」と言うかわりに、「おお、ヤーヴェよ」と言っていたのでは、「こらっ、みだりに俺の名前を呼ぶなと言っただろう」と鉄槌《てっつい》を下されてしまいそうだ。

キリスト教では、神は比較的優しいお方のようだが、ユダヤ教では、そうはいかない。もともと同じ神のはずなのだが、ユダヤ教の神は、怒るととてつもなく恐ろしい。自分の命令を忘れて歓楽に浸っているというだけで、大洪水を起こして、ほとんどの人類を滅ぼしてみたり、イスラエルの王が他の神に興味を示したというだけで、ペストで七万人もの国民を殺してみたり、ちょっと人妻にちょっかいを出したというだけで、一族に不幸をもたらしたりした。「恐怖の大王」って、もしかしたらこの神のことだったのかもしれない。

というわけで、神には元々名前があったが、その正確な発音は失われてしまった。「ヤーヴェ」とか「エホバ」というのは後に推測した名前に過ぎない。でも、この神は怒ると恐ろしいので、みだりに神の名前など呼ばないように、くれぐれもご注意願いたい。

あなたは、あなたの神、主の名を、みだりに唱えてはならない。主は、み名をみだりに唱えるものを、罰しないでは置かないであろう。（出エジプト記20−7）

第05問

モーセは実在の人物か?

答 **実在した。**

さあ、いよいよユダヤ教のエース登場である。『新約聖書』の主人公がイエスなら、『旧約聖書』の主人公はこのモーセだと言って過言ではないだろう。そう、あの映画「十戒」で有名なモーセである。

ところでモーセに関しては、「モーセは架空の人物で、彼にまつわるエピソードも創作されたものだが、何らかの意味でモーセに相当する人物がいて、物語の核となった史実はあったのだろう」というのが、今日の学者の最大公約数的な見解となっているようだ。一見科学的態度のようであるが、「モーセに相当する人物」がいたというのなら、それは、モーセそのものであっても何の不都合もないはずだ。そういう人物がいて、名前もたぶんモーセという名前だったのだから、モーセは決して架空の人物ではなく、実在した人物といってもいいはずだ。

もちろん、映画で描かれるような、海が真っ二つに割れてその中を通行したとか、神が雷鳴とともに、石版に十戒の文字を刻みつけていったというのは、現代人としては、そのまま事実として受け入れるわけにはいかないが、古代には古代なりの表現方法というものがある。まったく根も葉もない嘘と片づけるのもどうだろうか。多少の誇張はあるにしても、こうした物語は、けっこう史実を核として作られているものだ。

司馬遷《しばせん》の「史記」に描かれている中国古代王朝も、かつては架空のものと思われていたが、周《しゅう》王朝、殷《いん》王朝と順にその実在が証明され、さらに古い夏《か》王朝も実在したのではないかと考えられるようになった。考古学の世界では必ず取り上げられるシュリーマンのトロヤ遺跡の発掘も、ホメロスの神話を史実と信じた彼の執念がもたらしたものだった。「聖書」というと信仰の書であるから、信じないものにとっては、単なる荒唐《こうとう》無稽《むけい》なホラ話にしか思えないかもしれないが、「聖書」を歴史書として見るならば、『旧約聖書』は、イスラエル民族の歴史そのものを記したものであるし、『新約聖書』は、原始キリスト教の成立の事情を明かす貴重な歴史書なのである。

さて、ヨセフ干に招かれてエジプトの地に暮らしていたイスラエル人たちは、やがて王の代替わりによって圧迫され、奴隷状態におかれるようになった。モーセは、エジプトで生まれたイスラエル人だが、その出生はドラマチックである。エジプト王は、イスラエル人が増えるのを恐れ、男子は誕生後直ちに殺すように命じていた。殺し屋の手を逃れるため、赤ん坊のモーセは、パピルスの篭《かご》に乗せられナイル川に流されるが、偶然エジプト王の娘に救われる。やがてエジプト王の娘の子として成長したモーセは、イスラエル人たちが奴隷として虐《しいた》げられているのを見て、その解放運動に立ち上がり、ついには大民族をひきつれてエジプトを脱出するのである。途中、行く手を遮《さえぎ》る紅海を奇跡的に横断し、シナイ山で神から「十戒」を授けられる。その後、数十年も荒野をさ迷いながらも、カナンの地を目指し、民族を導き続けたモーセは、律法を人々に教え、民族の目標を設定した偉大なリーダーであり、ユダヤ教最大の宗教的カリスマでもあった。ユダヤ教は、実にこのモーセに始まるといってもいい。彼による「出《しゅつ》エジプト」が行われたのは、紀元前一二九〇年頃のことと推定されている。

モーセが手を海の上にさし伸べたので、主は夜もすがら強い東風をもって海を退かせ、海を陸地とされ、水は分れた。（出エジプト記 14-21）

第06問

「モーセの十戒」って何?

答 **神とイスラエル民族との契約。**

エジプトを脱出したモーセの一行は、シナイ山(今日その場所については諸説があり、確定していない)にさしかかる。ここで、モーセが神から授けられたのが、有名な「十戒」である。
「わたしはあなたの神、主であって、あなたをエジプトの地、奴隷の家から導き出した者である」という神の自己紹介に続いて、十の掟《おきて》が神によって示される。以下、それを要約すると、次の十箇条である。

一、あなたはわたしのほかに、なにものをも神としてはならない。
二、あなたは自分のために、刻んだ像を造ってはならない。ひれ伏してはならない。
三、あなたは、あなたの神、主の名を、みだりに唱えてはならない。
四、安息日を覚えてこれを聖とせよ。この日にはなんのわざをもしてはならない。
五、あなたの父と母を敬え。
六、あなたは殺してはならない。
七、あなたは姦淫《かんいん》してはならない。

八、あなたは盗んではならない。
九、あなたは隣人について偽証してはならない。
十、あなたは隣人の家をむさぼってはならない。

第一は、神は「私以外の神と浮気しちゃいやよん」と言っているわけで、「浮気したら殺す！」とまでは言ってないが、言外にそういう脅しが含まれている。

第二は、「偶像崇拝」の禁止である。この規定のために、後世、ユダヤ教徒やキリスト教徒は、皇帝崇拝を拒否し、ローマ帝国から迫害を受けることになる。もっとも、キリスト教徒の「十字架」は、ユダヤ教徒から見れば「偶像崇拝」にあたり、掟《おきて》破りの行為になる。それに対してキリスト教徒は、「十字架は偶像じゃないもんね。それに、旧約の規定はもう関係ないもんね」と反論するだろう。

第三は、すでに触れた規定だが、「みだり」じゃなきゃ唱えてもいいことになるが、どういう場合が「みだり」で、どういう場合が「みだり」じゃないのかは、「神のみぞ知る」ことなのかもしれない。

第四の「安息日」の規定は、今日でも熱心なユダヤ教徒は厳格に守っている。とにかくこの日には何もしてはいけない。労働も戦争ももちろんダメである。この日に敵に攻められ、無抵抗のままに敗れ去ったということが、ユダヤ人の歴史にはしばしばあったと言われている。

第五、父と母を敬え。ごもっとも。しかし、古代社会では一般的に「男尊女卑」は当たり前で、ユダヤ人社会においてもそうだったのだが、父だけではなく、母も敬えというのは、古い時代にしてはなかなか立派な教えである。

第六でやっと「殺人」の禁止が登場する。十戒の順番が、重要度の順番かどうかは分からないが、それにしても、「ほかの神を崇《あが》めるな」とか「偶像を崇拝するな」とか「安息日には何もするな」という規定の方が、「殺人禁止」よりも優先されているのは、現代人の感覚からするといかがなものであろうか。

第七以下の「姦淫するな」「盗むな」「隣人について偽証するな」「隣人の家をむさぼるな」の順番はいちおう納得いくが、わざわざ「隣人について」偽証するな、とか「隣人の家を」むさぼるな、とか但し書がついているのはどういうわけなのか。隣人でなければ、偽証したり、家をむさぼったりしてもいいというのだろうか。どうもそうではないらしいのに、この但し書はちょっとよく分からない。

さて、神がモーセに示した戒律は、この十箇条だけではない。神というのは、けっこう細かい方らしく、この後、モーセに実にいろいろな規定について説明している。ほんの数例だけ示しておこう。

「奴隷を買う時は、七年目には無償で自由にせよ」。なぜ七年?

「独身の奴隷に主人が妻を与え、子供ができたなら、妻と子供は主人のもので、奴隷は独身で去らせよ」そ、そんな〜。

「人が牛または羊を盗んで殺すか、売ってしまった場合には、その人は、一頭の牛については五頭の牛をもって、一頭の羊については四頭の羊をもって償《つぐな》わなければならない」。なぜ牛は五倍で、羊は四倍なの?

「ある人の牛が他人の牛を突いて殺した場合、生きている牛を売ってそれを山分けし、死んだ牛も二人で分けなさい。ただし、その牛が以前から突く癖のあったことを所有者が知っていた場合には、牛一頭で賠償しなければならないが、死んだ牛はその所有者のものである」。う～ん、神ってずいぶん細かいというか、ややこしいことまで口を出すのね。

「もし人がまだ婚約しない処女と寝たならば、必ず花嫁料を払って妻としなければならない。女の父親がそれを拒んだ場合には、花嫁料に相当する金額を払いなさい」。処女じゃなかった場合はどうなるの？

『旧約聖書』の「出エジプト記」では、こういった規定が、神からモーセに対して延々と語られている。考えてみると、モーセの一行は、かなりの大集団でエジプトを脱出し、数十年間も荒野をさ迷い歩いたわけである。その間には、さまざまなトラブルも発生したことだろう。独身だった奴隷が途中で結婚して子供ができたとか、牛が別の牛を突き殺してしまって訴訟になったとか、未婚女性を誘惑してモノにしてしまったが、娘の父親が怒って結婚を認めなかったとか、数限りない争い事が生じたに相違ない。そうしたトラブル、訴訟沙汰一つひとつの判例が、神からの律法という形で集成されていったものと思われる。

こうした規定の中には、現代社会でも通用しそうな合理的な規定もあるし、今となってはどうしてこんな決まりが存在するのか到底理解できないようなものもある。ただ、いずれにしても、今から三千年以上も前に、こういう細かい一種の裁判規定のようなものが存在していたというのは、法の整備という面からみると驚嘆すべきものがある。

あなたの神、主であるわたしは、ねたむ神である。（出エジプト記 20-5）

第07問

ユダヤ教が一神教になったのはなぜ?

答 **ユダヤ教の神が嫉妬深い神だから。**

ユダヤ教というと、最初から一神教だったように思いがちだが、実はそうではない。神は複数存在するが、その中で、ヤーヴェという一人の神だけと契約し、それだけを崇めるというのが、ユダヤ教である。他の民族には他の神がいるが、俺たちの神はヤーヴェだけさというのは、厳密にいえば一神教ではないが、事実上は一神教といってもいい。しかも、ユダヤの民は、時代を経るにしたがって神への忠誠心が強まり、いつしか神というもの自体がヤーヴェしかいない、と思うようになっていったようだ。

古代においては、一神教よりは多神教の方が一般的である。ユダヤ教だけが、ほとんど唯一、一神教だったといっても過言ではない。そこにユダヤ教の特異性があるのだが、どうしてそうなったのか、理由はいろいろ考えられる。

一つは、ユダヤ人というのは、非常に合理的で科学的に優れていたという点である。古代においては、一般に人知で計れないものは、みな神の仕業である。雨が降るのは竜神の仕業、風が吹くのは風神の仕業、深い森には妖精が住み、荒れ狂う海には海神がいる。だが、科学が発達していけば、神々は消える。あらゆる自然現象には、合理的科学的理由があり、それが解明されてしまえば、神は失業する。だが、どんなに科学が発達しても、人間にはおそらく永久に解けないであろう謎が存在する。

　この宇宙はどうしてできたのか？　いったい何のために物質や生物、人間は存在しているのか？　これらは、科学で仮に現象を解明できても、その理由までは解明できない。そこに、宇宙を造った神の存在理由がある。この神だけは、おそらく永久に失業しないはずだ。ユダヤ人は、いちはやくその境地にまで達した民族だったのかもしれない。

　しかし、ユダヤ教が一神教になったより強い理由としては、一種の倒錯の心理が考えられる。ある国家や民族が奉じる宗教や神々というのは、通常その国家ないし民族を守ってくれるものである。鎮護国家とか、軍神というのがそれである。もし、国家や民族が戦に負けて、滅亡や離散ということになれば、通常は、その奉じている宗教や神々は、自分たちを守ってくれなかったとして、捨て去られる運命にある。日本の国家神道がいい例である。第二次世界大戦で敗れた日本人は、それまでの天皇を現人神《あらひとがみ》とする国家神道をあっさり捨て去り、民主主義を新たな「宗教」「神」として受け入れた。

　ところが、ユダヤ教はまったくの例外だった。周辺の強国に圧迫され続け、亡国の憂き目を見たユダヤ人たちが、それにもかかわらず、なぜ自らの神を捨てなかったのだろうか？　彼らの倒錯性は阪神ファンと似ている。いくら負けても、いや、負ければ負けるほど、阪神ファンの球団への愛着は病的なまでに増幅される。ユダヤ民族の味わってきた苦難は、それはそれは過酷なものであったはずだ。彼らは絶望的な苦難の連続のなかで、自分たちの神を無力だと疑うのではなく、神が自分たちに試練を与え続けているのだと、なかば自虐的に信じ込んだのだった。それに、彼らの神は、「俺以外のヤツを神なんかにするなよ！」とすごむ、恐ろしく嫉妬深い神なのである。


わたしを憎むものには、父の罪を子に報いて、3、4代に及ぼし、わたしを愛し、わたしの戒めを守るものには、恵みを施して、千代に至るであろう。（出エジプト記20−5、6）

第08問

「モーセ五書」は本当にモーセが書いたの？

答 **そんなわけはない。**

『旧約聖書』の最初の五冊は、古い伝承によればモーセが書いたものと言われ、「モーセ五書」と通称されている。その五書とは、「創世記」「出エジプト記」「レビ記」「民数記」「申命記」の五つである。

「創世記」は、神による天地創造、アダムとイヴの追放、大洪水とノアの箱舟、アブラハムと神との契約、アブラハムの子孫たちのエジプト移住などの物語を伝える。

「出エジプト記」は、イスラエルの民がモーセに率いられてエジプトを脱出し、シナイ山で神からモーセが「十戒」をはじめとするさまざまな律法を授けられる経緯について語っている。

「レビ記」は、神がモーセを通じてイスラエル人に告げた律法規定で、イスラエル人はこれを生活規範とした。特にレビ（下級祭司）に関する規定が多いことから、この名称がついた。

「民数記」は、神がシナイの荒野でモーセに、「イスラエルの民の男子を氏族ごと、大家族ごとに数えよ」と命じ、シナイを出て荒野を放浪し、カナンの地を目指そうとする一行の様子が描かれる。

「申命記」は、神の授けた約束の地カナンを目前にして、モーセが改めて、律法などについてイスラエルの民にいろいろと説教したもので、最後にモーセが、神の言葉どおり、モアブの地で死に、その地に葬られたことを記し、モーセが偉大なる預言者であったと賛嘆して終わっている。

これらの書は、はたして本当にモーセ自身が書いたものなのだろうか？　答は「否」である。これらは、内容や文体もまちまちで、また、それぞれが著された時代の諸規定を反映しているところから、かなり長期間にわたって、順次書かれていったものと考えられるのだ。これらは、ヘブライ語で書かれ、紀元前四〇〇年頃に正典となったとされている。

さらに、これらの書がモーセの書いたものではないというのは、「申命記」の最後の記述を見れば、一目瞭然である。そこには、彼の死後、その墓を知る者のいないことや、人々がモーセの死を悲しんで三十日間も泣き続けたことなどが記されているのである。

いくらモーセがすごい預言者で、数々の奇跡を行った人だったとしても、まさか、自分が死んだときの様子や、その後のことまで書いたというのは、いくらなんでもそりゃないでしょ。おまけに、「イスラエルには、こののちモーセのような預言者は起らなかった」とまで書かれている。死んだ人間がどうしてそんな先のことまで書けるんだ！　というわけで、少なくとも「申命記」に関してはモーセの著作と考えるわけにはいかないだろう。

これらの書は、モーセ以来、イスラエルの民の間で語り伝えられてきた歴史や、裁判の判例、生活規範などがだんだんと成文化され、このような形にまとめられていったものと考えてよいだろう。

イスラエルの人々はモアブの平野で30日の間モーセのために泣いた。そしてモーセのために泣き悲しむ日はついに終った。（申命記34-8）

第09問

『旧約聖書』はいつごろ成立した?

答 最終的には、紀元九〇年頃。

『旧約聖書』が成立するまでには、実に長い長い年月がかかっている。その中に記されている出来事は、最初のアダムとイヴなどの神話的部分を別にすれば、アブラハムの物語が紀元前十八世紀、モーセによる出エジプトが紀元前十三世紀、ダビデとソロモンによる王国繁栄が、紀元前十一世紀末から十世紀にかけて、ソロモンの死後王国が南北に分裂し、イスラエル北王国が滅亡するのが、紀元前八世紀、新バビロニアによるエルサレム侵略と、イスラエル南王国の滅亡、それにともなう、二度ないしは三度の「バビロン捕囚」が行われたのが、紀元前六世紀のことであった。

その後、亡国の民イスラエルの人々が預言者のもとに次第に組織宗教としてのユダヤ教を成立させ、「モーセ五書」を正典としていったのが、紀元前四〇〇年頃のこととされている。

続いて、さまざまな預言者たちの言行をまとめた「預言者たち」が正典化されたのが、紀元前二〇〇年頃、「諸冊」が最終的に正典と定められたのは、紀元九〇年頃のこととされている。紀元九〇年といえば、すでにキリスト教が発足し、『新約聖書』がぼつぼつ著され始めた時代にあたる。

これらの『旧約聖書』は、はじめヘブライ語で書かれていたものが、ヘレニズムという時代風潮の中で、紀元前二〇〇年頃から順次ギリシア語に翻訳されていった。このうち、当初のヘブライ語聖書になかった文書でギリシア語聖書に採用されたものは「旧約外典」と呼ばれ、正典の中には含まれていない。また、紀元一世紀末の正典の確定までに各国語で書かれたもので、正典とされなかったものを「旧約偽典」と呼ぶ。

外典とか偽典とかというが、それはたまたま正式なものと認知されなかっただけで、ユダヤ教の歴史や教義内容を伝えているものであることに変わりはない。また、キリスト教との関係を探る上で重要な文書もこの中には含まれている。

その名称だけをここに列挙してみる。

旧約外典……「トビト書」「ユディト書」「第一マカベア書」「第二マカベア書」「第一エズラ書」「ダニエル書への付加」「エステル記への付加」「エレミヤの手紙」「マナセの祈り」「バルク書」「ベン・シラの知恵」「ソロモンの知恵」

旧約偽典……「第三マカベア書」「第四マカベア書」「アリステアスの手紙」「スラヴ語エノク書」「エチオピア語エノク書」「ヨベル書」「モーセの遺訓」「アダムとエバの生涯」「ヨブの遺訓」「モーセの黙示録」「十二族長の遺訓」「ソロモンの詩篇」「エレミヤ余録」「シリア語バルク黙示録」「ギリシア語バルク黙示録」など（他にも多数の旧約偽典があるといわれている）。

これらには、正典にはない雑多な民間伝承なども盛り込まれ、なかなかに味わい深いものも多いという。

見よ、主の大いなる恐るべき日が来る前に、わたしは預言者エリヤをあなたがたにつかわす。（マラキ書4-5）

第10問 モーセの後継者は誰か？

答 **軍事的天才ヨシュア。**

エジプトを出て、荒野をさ迷うこと四十年、神との約束の地カナンを前にしてモーセは死んだ。その後継者としてイスラエルの民を率いることになったのは、モーセの従者だったヨシュアである。モーセがユダヤ教史上最高の宗教的カリスマならば、ヨシュアはユダヤ教史上最高の軍事的カリスマであった。彼は戦争の天才だったのだ。彼の軍事的手腕のおかげで、イスラエルの民は神との契約の地カナンを獲得し、パレスチナに広大な領土を持つに至った。

ところで、彼の活躍を記した「ヨシュア記」は、実はあまり評判がよくない。キリスト教徒でも、この部分にだけは嫌悪感を覚えるという人も少なくない。なぜならば、「ヨシュア記」は、全編これ戦いの連続であり、その戦いたるや、殺戮《さつりく》と破壊、非戦闘員に対する虐殺のオンパレードだからである。しかも、それは神が命じたことであり、ヨシュアはただ、神の命令に従って大虐殺を行ったと正当化されているのだ。

神との契約遂行のためにはすべてが正当化される。ユダヤ民族には、このヨシュアの血が流れている。否、ユダヤ人に限らず、人類にはそうした残忍さと、それを正当化する狡猾《こうかつ》さとが宿命的にあるのだろう。

こうしてヨシュアはその地の全部……そのすべての王たちを撃ち滅ぼして、ひとりも残さず、すべて息のあるものは、ことごとく滅ぼした。イスラエルの神、主が命じられたとおりであった。（ヨシュア記10-40）

第11問

士師《しし》ってどういう人たちのこと？

答「戦争を知らない子供たち」を叱る頑固親父

ヨシュアによるパレスチナ征服に続いて「士師の時代」と呼ばれるものが到来する。年代でいえば、紀元前一二〇〇年頃から前一〇〇〇年頃までの約二百年間である。この時代は、苦難だった連続のユダヤの歴史において、比較的平穏だった時期である。

士師というのは、ヨシュアによって結成されたいわゆるユダヤの十二部族による宗教・軍事同盟の指導的立場に立つ者のことで、集会で神との契約と律法について説教し、人々がちゃんとそれを守っているかどうかを監視する人でもあった。つまりは、「うるさいオヤジ」というわけである。

この士師たちの言動を記したものが、「士師記」である。当時、イスラエルの民はパレスチナに広大な領土を得、また、ヨシュアの時代と違って先住民と周辺諸民族とも融和しながら、平和的に共存していた。しかし、いつの世にも戦争好きの人間はいるもので、士師たちは、今の「戦争を知らない子供たち」の軟弱さを嘆き、軍事大国だったヨシュア時代をなつかしがった。彼らが何よりも気にいらないのは、他の民族と融和することによって、イスラエルの民がよその神に興味を持つことだった。よその神と浮気したら、嫉妬深い神は必ず天罰を下す。だから今融和している諸民族こそイスラエルの敵である。士師たちは、そう言って警告し、「聖戦」への世論をかき立てていった。

これはただイスラエルの代々の子孫、特にまだ戦争を知らないものに、それを教え知らせるためである。（士師記 3-2）

第12問

イスラエル最初の王は誰？

答　サウル王。

「士師記」の次は「サムエル記」である。これは、イスラエルの指導者サムエルの業績を記したものである。この頃、イスラエル民族の宿敵は、地中海東海岸地方に定住していた非セム系のペリシテ人であった。ペリシテ人はエジプト侵攻に失敗すると、パレスチナの地に狙いをつけ、執拗《しつよう》に侵入を繰り返した。ユダヤ人は、自分たちも他国の例にならって、王による統治を願うようになった。しかしサムエルは、自分たちは神の命令だけに従っていればよいので、王は必要ないと繰り返した。

だが、民の強い要求によって、ついにイスラエルに王が誕生する日がやってきた。栄えある初代の王に選ばれたのは、ユダヤ十二支族の一つベニヤン族出身のサウルだった。サウルは王として数々の実績をあげたが、宗教的指導者サムエルと折り合いが悪かった。サウルは王だったが、権威と権力は、サムエルが勝っていた。日本でもよくある権力の二重構造というやつである。言うことを聞かないサウルを王の座からひきずりおろすべく、サムエルは、当時ペリシテ人との戦争で、敵の巨人戦士ゴリアテを倒して勇名を馳《は》せていた、ベツレヘム出身のダビデを王に擁立しようとした。かくして、サウルとダビデの権力闘争が続いたが、結局サウルは「神に見放され」ペリシテ人との戦闘で戦死し、ダビデがイスラエルの王として即位した。

サウルは千を撃ち殺し、ダビデは万を撃ち殺した。（サムエル記上 29–5）

第13問 イスラエル王国はなぜ南北に分裂したのか？

答 ソロモンの失政の結果。

「サムエル記」の下巻は、ダビデ王の華々しい活躍と、反面、ダビデの犯した過ちによって七万人もの国民が疫病によって死んだことなどを伝える。次の「列王記《れつおうき》」は、ソロモン王の治世について語る。「ソロモンの栄華」と称されるように、この時代は、イスラエル史上最も繁栄した時期であった。版《はん》図《と》は最大となり、ソロモンの威名は周辺諸国へも轟《とどろ》いた。シバの女王が訪れてソロモンの子をはらみ、その子がエチオピオ王朝の始祖になったという伝説も、このときのものである。

しかし、繁栄の陰には必ず矛盾が存在する。軍事大国となったイスラエル王国は、軍事費の増大を増税によってまかなっていた。民は重税にあえぎ、ソロモンの政治に対する不満は次第に高まっていったのである。四十年の治世の後、ソロモン王は死んだ。その子レハベアム王に対して人々は寛容な政治を期待したが、レハベアムはそれを受けつけなかった。そこで人々は、かつてソロモンへの反乱を企て、エジプトに逃亡中だったヤラベアムを王として戴《いただ》くことにした。ヤラベアムは、クーデターによって権力を掌握すると、ユダ族を除く諸部族を統合して北イスラエル王国を建国した。かくして、イスラエルは、北のイスラエル北王国と南のユダ王国とに分裂してしまい、二度とダビデ、ソロモン時代の栄華を取り戻すことはなかった。

シバの女王は主の名にかかわるソロモンの名声を聞いたので、難問をもってソロモンを試みようとたずねてきた。（列王記上 10-1）

第14問

預言者って何?

答「神のお告げじゃ」といって、言いたいことを言う人。

イスラエルが南北に分裂したのは、紀元前九二二年のことだった。その後、前七二一年頃に北王国はアッシリアに攻め滅ぼされ、住民はことごとく彼の地へと連れ去られてしまった。彼らがその後どうなったか、歴史は何も語らない。

一方の南王国は、北よりは長く保っていたが、国力は衰える一方で、ついに前五九八年、新バビロニアのネブカドネザル王の侵入を招き、住民の多くがバビロンへと連れ去られてしまった。これが、第一次バビロン捕囚である。その後、前五八六年にエルサレムが陥落し、ユダ王国が滅亡した。これが第二次バビロン捕囚である。

ただ、新バビロニアは、北王国を滅ぼしたアッシリアとは違って比較的寛大であり、ある程度の自治を認めたため、ユダヤ民族は滅亡せずにすみ、やがて、前五三八年にはパレスチナへの帰還を許された。とはいっても、国を失った民族が幸せであるはずがない。人々は、なぜかくもわが民族は呪われているのか、と嘆いたに違いない。

普通なら、戦争に負けて国を失ったならば、これまで崇めてきた神を捨てさるか、少なくとも、役立たずではないかと疑問を持つであろう。たとえば、第二次世界大戦に敗北した日本がそうであった。

「天皇＝現人神」という信仰を捨て、かわって「民主主義」という新しい神を受け入れた。戦争に敗れるということは、いつの時代でもそういう変化をもたらすものなのだ。

　にもかかわらず、ユダヤ教の神は厳然として民族の上に君臨し続けた。そのための理論構築をしたのが、預言者と呼ばれる人たちである。預言者というのは、「神の言葉を預《あず》かる者」という意味で、いわゆる、未来を予知する「予言者」とは違う。しかし、イスラエルの預言者たちの「予言」はよく当たった。「このままでは国が滅びるぞ」という予言が、残念ながらしばしばよく的中してしまったのだった。

　さて、その預言者たちは、亡国の憂《う》き目にあった民族に対して、「これは神の与えた試練なのだ」、「イスラエルが亡んだのは、何代にもわたって神を裏切り続けたための神罰なのだ」、「だから、今こそ、本当に神に忠実に生きなければならない」と訴えた。われわれが亡んだのは、われわれの神に力がなかったせいではなく、神をちゃんと信じて、その言葉に従わなかったからだ。悪いのはわれわれであって神ではなかったというのである。

　ところで、阪神ファンというのは、実に不思議な人種で、阪神のダメぶりを話すときでも、その目は輝き、さもうれしそうなのである。阪神がダメなのは、江夏や田淵、岡田などを放出し、史上最強の助っ人外人バースに因縁をつけてやめさせ、年俸をケチってタイトルホルダーの外人（たとえばパリッシュ）を放出したりと、野球の神様に逆らうようなことばかりしてきたからである。阪神を愛すればこそ、その愚行・悪行をファンがののしるように、ユダヤ教の預言者たちは、民族の愚行・悪行を強く非難し、それを改めさせることによって、民族の団結と存続を図ろうとしたのであった。

わたしはこれを外国人の手に渡して奪わせ、地の悪人に渡してかすめさせる。彼らはこれを汚す。（エゼキエル書7-21）

第15問

ユダヤ人とユダヤ教徒の関係は？

答　ほぼイコールである。

本書ではここまで、ユダヤ人とかユダヤ教徒、あるいはイスラエル人、イスラエルの民といった言葉を、特に注釈なしで使ってきた。これら一つひとつはすべて同じものを指すのか、あるいは違ったものを指すのか、実はなかなか複雑で簡単には説明しにくい。そこに、ユダヤ人という問題の特殊性もある。

まず、ユダヤ人という呼称は、前述のイスラエル南王国、すなわちユダ王国に由来する。これは、「イスラエルびと」の一部族にちなむもので、彼らは世界の各地に分散したが、宗教的・文化的慣習とともに、ユダヤ人という呼称を保持し続けた。だから、ユダヤ教を信仰し、ユダヤの文化を保つ者がユダヤ人なのである。ユダヤ法では、ユダヤ人の母親をもつ者か、ラビ（ユダヤ教の教師）の指導のもとにユダヤ教に改宗した者がユダヤ人とされている。今日では、ユダヤ人には白人も黄色人種も黒人もいる。それは、イスラエル国籍のユダヤ人という意味ではなく、国籍が何であれ、ユダヤ教徒はユダヤ人ということになる。

では、イスラエル人とは何か、というと、聖書で「イスラエルびと」というのは、ヨシュアの時代に十二の部族からなる宗教・軍事同盟を結成した「ヘブル（ヘブライ）びと」の子孫のことを指す。

また、イスラエル北王国の住民を指しても用いられる。彼らは民族的集団であり、また国家を形成したので一つの国家的集団でもあった。

ちょっとややこしいが、ユダヤ人＝ユダヤ教徒と考えてさしつかえないだろう。もしかすると、ユダヤ人だけれどもユダヤ教徒ではないという人や、ユダヤ教徒だけれどもユダヤ人ではないという人も例外的に存在するのかもしれないが、定義からすると、そういう人は存在しないはずである。もっとも、定義と実情が違うということはあり得る。母親がユダヤ人で、子供をユダヤ教徒として育てたが、本人にその自覚がなく、ユダヤ教徒であることをやめてしまったという人もいるだろう。だが、本人が自覚するしないにかかわらず、そういう人でもユダヤ教徒としてカウントされているはずだ。

ところで、日本の宗教人口というのはどれくらいかご存じだろうか？　一割？　三割くらい？　えっ、もっと？　それじゃ過半数の六割くらい？　いえいえ、全然違います。文化庁の調べでは、統計的には日本の宗教人口というのは、日本の全人口の倍近いのである。そんな馬鹿な、と思われるかもしれないが、事実である。そのタネを明かせば、日本の住民のほとんどはまず神道の民なのだ。神社では、その管轄地域の住民を自動的に氏子《うじこ》としてカウントしてしまうからだ。それから、仏教では、江戸時代以来の伝統で、形式的には多くの檀家《だんか》を持っている。これらがみな信者とされている。それに、新興宗教やら外来の宗教やらが加われば、人口の倍の人が何らかの宗教に入っていることになってしまうのである。もっとも、ユダヤ教の場合は、そんないい加減なカウントはしていないと思うが。

その日、主はアブラムと契約を結んで言われた、「わたしはこの地をあなたの子孫に与える。エジプトの川からユウラテまで」（創世記15–18）

+α

イエスの時代のパレスチナ周辺図

第一章

イエスという男

第16問 イエス・キリストは実在の人物か？

答　たぶん。

「たぶん」とはまた、ずいぶんいい加減な、とお思いの読者も多いだろうが、イエス・キリストという人物が歴史上実在した人物かどうかについては、やはり「たぶん実在した」というぐらいしか言えないのである。

はじめに断っておくと、「イエス・キリスト」というのは、本名ではない。ご承知のように、キリストというのは「救世主」という意味で、イエスという一人の人間を「救世主」と信じるのが、キリスト教である。イエスというのはもちろん人の名前だが、イエスという名前は一般的で、同じ名前の人はいっぱいいる。区別するため父親の名前をつけて「ヨセフの子イエス」とか、出身地の地名から「ナザレのイエス」などと呼ばれる。

さて、そのイエスはキリスト教では神の子で、キリスト教の創始者とされている。もちろん、歴史的に実在した人で、ユダヤ教指導層と対立し、その告発により、十字架の刑に処せられたということになっている。このことは、キリスト教信者のみならず、一般にもそう信じられているし、ほとんどの歴史家もそのことに異論はないようである。

しかし、それにもかかわらず、イエスという人物が本当に実在したのかどうかには、かすかな

「?・」がつくのだ。後世のキリスト教徒によって創作された空想上の人物かもしれないという疑いがないとは言えないからである。そもそも、イエスの実在を証明するものといえば、四つの福音書(「マタイ」、「マルコ」、「ルカ」、「ヨハネ」)と、パウロら使徒の手紙だけである。つまり『新約聖書』に限られている。イエスという人の事跡を記したものは、キリスト教の聖書以外には存在しないのである。

紀元一世紀末にフラヴィウス・ヨセフスという人の著した『ユダヤ古誌』の中に、イエスという人がキリストと呼ばれ、処女から生まれたと信じられている、という記事がある。これが、キリスト教の文書以外にイエスの実在を証明するものとも言われているが、この部分は、どうも後世のキリスト教徒による加筆・偽造だった疑いがある。

すると、イエスの実在を証明するものは、やはり聖書以外には何もない。聖書があれば十分ではないか、と言う人も多いと思うが、しかし、聖書というのは、信仰の書であって、歴史書ではない。だから、イエスという人物はキリスト教徒が勝手にでっち上げた空想上の存在だ、という批判があるのはやむを得ないことなのである。

言ってみれば、イエスとは、日本の神話である『古事記《こじき》』や『日本書紀《にほんしょき》』に登場する「天照大御神」(アマテラスオオミカミ)のたぐいかもしれないのだ。日本の歴史家で、この天照大御神を実在の人間と考える者は非常に少ない。神話の中の存在なのだから、それも当然かもしれない。

しかし、天照大御神は空想上の存在だとする人でも、イエスが同じように空想上の存在だとは主張しない。これはちょっとおかしいのではないだろうか。

日本の歴史学者の多くは、『古事記』や『日本書紀』などは、大和朝廷が権威づけのために創作したもので、とうてい真実の歴史を伝えているとは言い難い、したがって、そこに登場する神々や初期の天皇も創作されたもので、実在のものではない、と考えている。これは歴史学者の津田左右吉《そうきち》が戦前に唱えた説で、彼は当時の軍部の弾圧に抵抗して学問的信念を貫いたのであった。その態度自体は立派というしかない。だから、敗戦によって日本が民主主義の国家になると、津田左右吉は学問の世界の英雄となり、その所説は、それこそ信仰に近いような絶対の真理として学界に大きな影響を及ぼした。以来、『古事記』『日本書紀』は歴史学の史料として価値のないものとされてしまった。それが、科学的な態度だと、今だに信じられているのである。

では、学者たちが、聖書に対してもそういう「科学的態度」で臨んでいるのかというと、とてもそうとは言えない。日本史と聖書学ではジャンルが違うというのは言い訳にはならない。歴史の真相を解明しようとすることに違いはないからだ。戦争に負けた国の歴史書はインチキで、勝った国の聖なる文書は真実だというのでは、「科学的態度」とはまったく別モノと言わざるを得ない。

「科学的態度」ということで主張が一貫しているのは、マルクス主義、唯物史観《ゆいぶつしかん》によってキリスト教を研究し、その本質を鋭く抉《えぐ》った、たとえば、ブルーノ・バウアーやカール・カウツキーなど、マルクスの弟子たちだった。彼らは聖書の史料としての価値を徹底的に疑い、イエスという人物は存在しなかった、少なくとも存在を確かなものとして証明する手段は何もない、ということを論証した。そうした主張は、少なくとも「科学的」と評価することができる。

『古事記』や『日本書紀』を否定したのも、そうした科学的な唯物史観に基づくものだったと言ってよい。それはそれで、一つの学問的手法としては理解できる。だが、それを絶対の真理であるかのように崇《あが》めてしまうのは、実は「科学的」ではない。本当に「科学的」であるためには、イデオロギーや個人的信念、宗教的確信などによる先入観で対象に迫ってはならない。あくまで冷静に対象を見極めていかなくてはならない。

ややくどくなってしまった。イエスが実在したかどうかについて、本書の結論を示そう。天照大御神が実在の人物だったように、イエスも実在の人物だった。

証拠不十分ということで、あるいは、権威づけのために創作されたのではないか、ということでイエスの存在を否定してしまうと、歴史上の人物の多くが実在しなかったことにされてしまうだろう。釈迦《しゃか》や孔子《こうし》などは真先に消える。この論法を拡大解釈していけば、ナポレオンやヒットラーでさえ、歴史的に抹殺してしまうことが可能だろう。

イエスは実在の人物である。そうでなければ、話は何も始まらない。「イエスという人物自体は架空の人物だが、それに相当する人物はいただろう」などという分かったような分からないような説明をする人もいるが、それに相当する人物がいたのなら、イエスがいたのと一緒である。これは第5問でモーセについて述べたことと同じだ。

蛇足《だそく》だが、天照大御神は実在し、それは中国古代の歴史書に「卑弥呼《ひみこ》」という呼称で記されている人物のことである。そのことについては、本シリーズの前作『邪馬台国《やまたいこく》100問勝負』で論じているので、興味のある方はそちらを参照されたい。

見よ、あなたはみごもって男の子を産むでしょう。その子をイエスと名づけなさい。（ルカによる福音書 1-31）

第17問

イエスの生まれたのはいつ？

答　紀元前四年または七年。

あれれ？　今世界で広く使われている西暦、あれは確かキリスト紀元といって、イエス・キリストの生まれた時を紀元一年にしているんじゃなかったっけ？

いや、実はそうだったんです。でも、いろいろとキリスト教の起源や聖書の歴史的研究が進むうちに、どうも、イエスの生まれたのは当初考えられていたよりも少し前だったらしいということが分かってきた。今さら暦を変えるわけにもいかないので、イエスの誕生した年を遡らせたのである。

前項で、イエスの実在を証明するものは聖書以外にはないと述べたように、イエスの生まれた年も聖書をたよりに推定するしかないが、この聖書が書かれた当時は西暦なんてものはなかったし、何とかの何年というような元号もユダヤ地方には存在しなかった。そこで、手がかりになるものが「福音《ふくいん》書《しょ》」である。そこに、当時のユダヤの王（実際にはローマの属州として統治を任されていただけだが）ヘロデが死んだ時、イエスがまだ幼な子であったという記事がある。ヘロデ王が死んだのは紀元前四年のこととされるから、そこから推計して、イエスの生まれたのは、紀元前四年かその少し前ということになるのである。

そのころ、全世界の人口調査をせよとの勅令が、皇帝アウグストから出た。（ルカによる福音書 2-1）

第18問　イエスは処女マリアから生まれたのか？

答　もちろん、そんなことはあり得ない。

「マタイによる福音書」と「ルカによる福音書」によれば、イエスを生んだマリアという女性は、ヨセフという男の許嫁《いいなずけ》だったが、精霊によって神の子を身ごもり、ヨセフとは一度も性交渉をしないまま、つまり処女のままイエスを産んだことになっている。だが、これは嘘だ。誰が何といってもこんなことはあり得ない。生物の法則に反している。だから、聖書はインチキだ。宗教なんて所詮そんなものだ。とまあ、そう言ってしまえば身も蓋《ふた》もなくなってしまうが、しかし、やはりどう考えても「処女降誕」というのは、権威づけのためのでっち上げと断定する他はない。

しかし、どうしてこういう話が創作されたのかを考えることは、学問としては大いに成り立つ命題である。そもそも、「処女降誕《こうたん》」はキリスト教の専売特許のように思われがちだが、実は世界中に同様の伝説は山ほどある。日本では偉人の誕生前に母親が不思議な夢を見たという例はみられるが、処女降誕の話はない。しかし、中国やヨーロッパには「処女降誕」の話がけっこうある。たいていは、歴史的偉業を達成した人とか、その祖先にあたる人が、神とか精霊とか、何かの精によって身ごもった女性から生まれた例は多い。生物学的にはもちろんあり得ない話だが、偉い人というのは、普通とは違った生まれ方をするものらしい、と古代の人々が信じたとしても単純に笑うことはできない。

母マリアはヨセフと婚約していたが、まだ一緒にならない前に、聖霊によって身重になった。（マタイによる福音書1-18）

第19問

「処女降誕」が当時のブームだったって本当?

答 イエス時代のパレスチナで特に流行っていた。

「処女降誕」はイエスだけでなく、中国をはじめ世界各国にあったらしいが、イエスの時代のパレスチナでは、特に「処女降誕」が一種のブームだったらしい形跡がある。

イエスの「処女降誕」を伝える「マタイによる福音書」と「ルカによる福音書」は、どちらも紀元八〇年代頃の成立とされている。そして、前述したヨセフスの『ユダヤ古誌』という書物が著されたのもほぼ同じ頃だった。『ユダヤ古誌』というのは、当時のユダヤで起こった事件などを、おもしろおかしく書いたもので、週刊誌とかワイドショーのネタになりそうなことが多く記されている。

その中に次のような話がでてくる。

悪い男がいて、町で美しい人妻に目をつけた。その人妻がある新興宗教の熱心な信者だと知り、男はその新興宗教の教会の神官を買収して、その人妻にこう告げさせた。

「神のお告げがあり、あなたは処女降誕の相手に選ばれました。今宵《こよい》教会においで下さい」

その人妻は夫にこのことを相談した。夫も熱心な信者だったのでそのことをたいそう喜び、妻を教会に行かせた。その夜、男は教会に忍びこんで、ちゃっかりその人妻をいただいてしまう。やがて十月十日が過ぎて人妻はめでたく（？）神の子を出産した。夫も大喜びで、そのことを人々に自慢してまわった。
くだんの男は、その夫婦の喜ぶ様を見てあまりに滑稽《こっけい》に思い、よせばいいのに事の顚末《てんまつ》を暴露してしまった。結局その男は死刑になった。

これは嘘のような本当の話である。だが、古代の人間は科学というものを知らなかったから、こんなバカな話があったんだ、などと古代人を軽蔑してはいけない。これに類するような滑稽な話は、実は現代にだっていくらでもあるではないか。結婚詐欺にあった人の話などは、たいてい、なんでそんな作り話を信じちゃうの？　という例ばかりである。第三者から見れば滑稽な笑い話でも、当事者にとっては信じてしまう必然性というものもある。ましてや、宗教の世界は独特である。そこには部外者の理性など入りこむ余地もない。宗教心が薄いと言われる現代日本でさえ、しばしば信じられないような事件は起こる。まして、古代の、しかも宗教心の篤《あつ》いユダヤ人のことである。「処女降誕」とか「神の子」といったことを、多くの人が信じたとしても不思議ではないだろう。
ところで、イエスに「処女降誕」説話が生まれたのは、ある意味で当然の成り行きだったと考えられる。ユダヤはおろか、全世界を救うためにこの世に生を受けたメシア＝キリスト（救世主）は、人間でありながら、かつ、神と同格、または神の代理でなくてはならない。神と人間の処女との間に生まれた子なら、最もそれにふさわしいだろう。

ヨセフは眠りからさめた後に、主の使いが命じたとおりに、マリアを妻に迎えた。しかし、子が生れるまでは、彼女を知ることはなかった。そして、その子をイエスと名づけた。（マタイによる福音書1-24、25）

第20問

イエスの時代のユダヤはどうなっていた?

答 ローマの属州。

紀元前十世紀のダビデ、ソロモンの時代にパレスチナを支配したイスラエル人は、ソロモン王の死後南北に分裂し、北イスラエル王国はアッシリアに滅ぼされて、その民族は歴史上から消えた。イスラエルの十二部族のうち唯一残ったのが、ユダヤ民族だった。そのユダヤ民族も、ユダ王国がバビロニアに滅ぼされて亡国の民となり、分散せざるを得なかった。その後、パレスチナの地は、マケドニアのアレキサンダー大王、エジプトのプトレマイオス王朝、シリアのセレウコス王朝と支配者が変わり、紀元前六三年以降はローマの支配するところとなった。

そのローマの支配のもと、傀儡《かいらい》のユダヤ王として統治を任されたのがヘロデで、彼は前三七年から前四年まで在位した。イエスは、このヘロデ王治下のユダヤに生まれたのである。「福音書」の記事によると、イエスはエルサレムに近いベツレヘムの町で生まれたが、その子がユダヤ王として生まれたという噂に危機感を抱いたヘロデがイエスを殺そうと図ったので、父ヨセフと母マリアはイエスを抱いてエジプトに逃げ、ヘロデ王の死後、北のガリラヤ地方のナザレに住み、そこでイエスは育ったということになっている。

ローマ帝国は、紀元前二七年にオクタヴィアヌスがアウグストゥスの称号を受け、ここから実質的な帝政時代に入る。ヘロデ王の死後、ユダヤは紀元六年からローマの属州とされ、ローマは総督を派遣して統治するようになった。ただ、ローマは宗教的には比較的寛大で、ユダヤ教を特に禁止するというようなことはなく、ユダヤ教の最高法院（サンヘドリン）は、ユダヤ社会で依然として重きをなす存在だった。

イエスの生涯にとって重要な意味を持つ人物、大祭司カヤバは紀元一八年から三七年までその職にあり、ユダヤ総督のポンティウス・ピラトゥス（聖書日本語版ではピラトと記されているので、以下本書では「ピラト」とする）は、紀元二六年から三六年までその職にあった。

この時代のユダヤは、五百年以上にも及ぶ亡国と被支配の連続にもかかわらず、人々の民族意識と宗教的信念はますます強まっていた。祖先の犯した罪によってユダヤ民族は苦難の道を歩み続けてはいるが、それを深く悔い改めることによって、神は再びユダヤに栄光をもたらすに違いない、ユダヤを支配してきた悪人どもは最後の審判によって裁かれ、神の国がもうすぐ実現する、今こそユダヤに救世主が現れる……。そうした機運がイエスのいた時代のユダヤにみなぎろうとしていた。

神の審判がもうすぐ下る。だからこそ、いま我々は悔い改めて、神の心に叶うような生き方をしなければならない。そうした思想が芽生えつつあった。

そのことを高らかに宣言し、活動を開始したのが洗礼者ヨハネ（バプテスマのヨハネ）である。イエスは彼から洗礼を受け、また強い思想的影響を受けてみずからの宣教活動を開始するのであった。

ここにひとりの人があって、神からつかわされていた。その名をヨハネと言った。（ヨハネによる福音書1-6）

第21問

バプテスマのヨハネって何者？

答　イエス・キリストの露払い役にされた人。

バプテスマ（洗礼）のヨハネは、『新約聖書』の四つの福音書すべてに登場する人物である。それによれば、彼は一種の預言者で、ユダヤの荒野で「悔い改めよ、天国は近づいた」と叫びながら、人々にヨルダン川の水によって洗礼を施していた。イエスがヨルダン川にやって来てこのヨハネの洗礼を受けたのは、彼がだいたい三十歳前後のことだったと考えられる。

ヨハネはイエスに洗礼を施した人物であるから、本来ならイエスのお師匠様といってもいい。イエスはこの洗礼の後、宣教活動を開始しているので、ヨハネの影響を強く受けていたと考えられる。しかし、イエスがヨハネの弟子だったというのでは、イエスの権威に傷がつくというものである。いくらヨハネが優れた人物だったとしても、イエスの方がはるかに偉かったということにしないと、キリスト教としては恰好がつかない。そこで、「福音書」では、このヨハネという人物は、イエス出現の先駆者、いわば、横綱イエスの露払いのような役目の人だったということにしている。

「マルコによる福音書」の中でヨハネは、イエスのことについて「わたしよりも力のあるかたが、あとからおいでになる。わたしはかがんで、そのくつのひもを解く値打ちもない」と語っている。ずいぶんと謙虚である。

「マタイによる福音書」では、自分のところに洗礼を受けにきたイエスに対してヨハネは、「わたしこそあなたからバプテスマを受けるはずですのに、あなたがわたしのところにおいでになるのですか」と質問し、イエスは、「今は受けさせてもらいたい」と答えているが、明らかにイエスを格上の人間として描いている。

このヨハネは、領主ヘロデの悪事を激しく批判したため捕らえられ、結局殺されてしまう。正義を述べたためについには処刑されてしまうという点でも、見事にイエスの露払いをしたといえるだろう。ヨハネの主張はイエスに強い影響を与えたのは確かだろう。しかし、ヨハネが死に、その運動はしぼんでしまったため、ヨハネ教とかヨハネ派といったものは残らなかった。だから、彼が後にどんなふうに描かれようとも文句を言う者など誰もいなかったろうが、本当に彼はイエスの露払い役にすぎなかったのだろうか？

ヨハネという男がヨルダン川のほとりで洗礼を行い、人々に「神の国が近づいた」と叫んでいたというのはたぶん事実だろう。だが、そのヨハネが、イエス・キリストの出現を予言し、自分よりはるかに偉い人が現れるだろう、などと言っていたかというと、これはそのまま鵜呑《うの》みにするわけにはいかない。

ヨハネという預言者がいた。イエスはその男から洗礼を受け、強い思想的影響を受けて活動を始めた。ヨハネは死んで教団を残さなかった。一方、イエスは、その死後に弟子たちが教団を立ち上げた。だから、後のキリスト教徒によって、イエスの方がより偉く、ヨハネはイエスの露払いだった、という話が創作された、というのが事実だろう。

彼は宣べ伝えて言った、「わたしよりも力のあるかたが、あとからおいでになる。わたしはかがんで、そのくつひもを解く値うちもない」
（マルコによる福音書 1-7）

第22問

イエスはユダヤ教徒だったのか?

答 もちろん、生涯ユダヤ教徒だった。

一般には、イエスという人はキリスト教を創始した人物で、その教祖であると思われている。確かに、イエスの弟子だった人々が、彼の死後キリスト教というものを立ち上げ、イエスを教祖と仰いだ。しかし、イエスがキリスト教を創始したかというと、実はちょっと違うのである。

イエスは弟子たちを連れて、いろいろと教えを説いて歩いたが、一宗一派を起こそうという考えは、おそらく彼にはなかったものと思われる。もし彼が三十代の若さで処刑されずに長生きしていたら、あるいはユダヤ教の一派ぐらいは起こしていたかもしれない。しかし、それでもユダヤ教そのものを否定して、新しい宗教を作るというようなことはしなかっただろう。

イエスはエルサレム近郊のベツレヘムの生まれとされているが、育ったのは北方ガリラヤ地方のナザレの町だった。イエスが本当にベツレヘムで生まれたかどうかははっきりとしないが、「福音書」がここをイエスの生誕地としたのには理由がある。それは、ユダヤの救世主は、あのダビデ王の末裔《まつえい》でなければならないと信じられていたからであり、そのダビデの出身地がベツレヘムだったのである。

後世のキリスト教は、ユダヤ教の影響から次第に脱していったが、初期にはユダヤ教のもろもろの教えや伝説を無視することはできなかった。むしろ布教のために、それらを利用する必要があった。

イエスの弟子たちがイエスの教えを述べ伝えた相手は、最初はほとんどすべてユダヤ人（＝ユダヤ教徒）だった。彼らに違和感を与えることなく、イエスをキリスト（救世主）だと信じてもらうためには、ユダヤ教の教えや世界観を用いながら理解させるしかなかったのである。

そもそも、イエスの弟子たちにしても、キリスト教という新しい宗教を起こそうと考えて、教会を作ったわけではなかった。これまでのユダヤ教諸派の思想に飽き足りず、それに対する不満や矛盾点などを指摘しているうちに、次第に共鳴する人が増え、教会が成立したわけである。それでも、「キリスト教」という名称が起こるのは、まだ先のことだった。初期の教会は、ユダヤ教の中の改革運動か、せいぜい新しいユダヤ教の一派を立てようとしている、といった程度にしか人々に見られていなかった。また、イエスの直弟子たちの意識もその程度だったに違いない。

ただ、ユダヤ教の教えにはいろんな矛盾があったし、大きな弱点があった。イエスという男は、その矛盾や弱点を鋭く指摘することによって、多くの人々の共感を呼んだのである。とはいえ、彼にはユダヤ教そのものを否定するような言動はとりたてて見当たらない。ユダヤ教の教えの解釈が形骸化していたり、ピントがずれていたりということに対しては激しい批判を展開したが、イエス自身は、生まれつきユダヤ教徒であったし、死ぬまで敬虔《けいけん》なユダヤ教徒であったはずである。ユダヤ教の預言者だという自覚ぐらいは持ったかもしれないが、救世主にされたり教祖にされたのは、死んだ後のことだった。

わたしが律法や預言者を廃するためにきた、と思ってはならない。廃するためではなく、成就するためにきたのである。（マタイによる福音書5-17）

第23問

イエスは超能力者だったのか？

答　ある種の超能力は持っていたかもしれない。

世の中が不景気だったり、社会不安があったり、世紀末だったりすると、オカルトや超能力がブームになる。ノストラダムスが、人類が滅亡すると予言した一九九九年の七の月には結局何も起こらなかったが、オカルトや超能力を信じる人がいなくなったわけではない。

イエスの時代のユダヤ社会でも、オカルトや超能力ブームがあったらしい。いろんな人がいろんな奇跡を行うのが一種の流行となっていたのである。われらがイエスも多くの奇跡を行った。なんといっても救世主である。神の子である。奇跡の一つや二つ起こせなくてどうする、というわけで、彼も超能力を駆使して大活躍している。とは言っても、当時の奇跡ブームからすると、イエスの行った奇跡などは控えめな方だと言う人もいる。

具体的に彼が行ったとされる奇跡は、足の不自由な人を立たせてみたり、寝たきりの人を起きあがらせたり、口のきけない人をしゃべらせたり、神霊手術でもしたかのように多くの病人を治している。はては死人を生き返らせてもいる。そして、イエスは病人を治すとたいてい、「このことは誰にも言うな」と口止めをするのだが、病人の方は、うれしいやら驚いたやらで、みんなにイエスの不思議な力を吹聴《ふいちょう》してしまうので、イエスの超能力はたちまち評判となってみんなが集まってきてしまう。

イエスの奇跡は、病人を治すことだけではなかった。わずかのパンと魚を増やして、何千人もの群衆を満腹にしたり、海の上を歩いたりもしている。「内緒、内緒」と言いながら、ずいぶん派手に奇跡を起こしている。

こうしたことすべてが、でっち上げだったと即断はできない。誇張はあるにしても、イエスという人にはある程度の医学的知識と治療技術があったのかもしれない。「病は気から」ということを彼は十分に知っていたのだろう。病人に対する時、たとえば、歩けない人を立たせる時には、彼は「立てっ！」と言って気合を入れている。現代でも、長年片足が不自由で、いつも足をひきずって歩いていた老人が、山に山菜を取りに行って熊に襲われ、恐怖と驚きのあまり、全速力で走って逃げたという話がある。その老人はそのショックで足がすっかり良くなってしまったという。現実的にそういう話はいくらでもあるし、「病は気から」というのは、医学的にも見直されている。

パンと魚を増やしたというのは何かの手品とも考えられるが、手品にせよ、超能力にせよ、大勢の群衆の食料を瞬時に用意したというのは、少なくとも「奇跡的」ではある。

超能力など絶対に信じないという人も多いだろうが、人間は大昔は猿だったし、もっと前はネズミのような生き物だった。それが人間へと進化する過程で様々な能力を身につけた反面、退化したり失ってしまった能力も多々ある。そうした能力をあまり失わずに、人間離れした視力や聴覚、嗅覚などを保持している人間がいたとしても、実は不思議ではないのだ。超能力にはインチキも多いが、たまには本物もあるはずである。もっとも、イエスがそうした超能力の持ち主だったのかどうかは永遠の謎かもしれないが……。

彼らはイエスが海の上を歩いておられるのを見て、幽霊だと思い、大声で叫んだ。（マルコによる福音書 6-49）

第24問

イエスは安息日をどう考えたか？

答 不合理なものと考えた。

イエスが弟子たちとともに麦畑を歩いていた時、弟子たちが腹が減ったので畑の麦の穂を摘んで食べてしまったということがあった。その日は安息日であった。安息日というのは、モーセの十戒にもある規定で、天地を六日で創造した神が七日目は休んだので、人間もこの日は必ず休むようにと定められた日のことである。現在ユダヤ教の安息日は、金曜日の日没から土曜日の日没までで、厳格なユダヤ教徒は、この期間は一切の労働をしない。食べたり飲んだりはさすがにするが、火を使って調理することは許されないという。

イエスの時代にも厳格なユダヤ教徒がおり、彼らはパリサイ派と呼ばれた。パリサイ派のユダヤ教徒は、律法を厳格に遵守《じゅんしゅ》することで知られ、多くの律法学者を輩出した。人数的にも、この時代にはユダヤ教の大多数を占めていたとされている。

そのパリサイ派の人間が、イエスの弟子が麦の穂を摘んで食べるのを見て、鬼の首でも取ったかのようにイエスに食ってかかった。「ドロボーッ！」と言ったのかって？ いえいえ違います。他人の麦畑の麦を食べたのだから、どろぼうと言って非難してもよさそうなのに、パリサイ派の律法学者にとってはそんなことはどうでもよかったのである。彼らはイエスに向かって、「安息日に、労働するとは何事か！」と詰め寄ったのである。「ろ、労働？　私たちがいつ労働したと言うんです？」などとは、われらがイエスは言い訳しない。パリサイ派の論理によれば、麦の穂を摘むという行為は収穫であり、立派な労働行為なのである。安息日にそんなことをしてはいけないのだ。

イエスは、どう答えたか。「マタイによる福音書」では、彼は「人の子は安息日の主である」と言った。「俺の方が安息日より偉いんだ」というわけである。いや、まさか、イエスはこんなふうに言ったのではないだろう。いろいろ総合して考えると、イエスは、「じゃあ、安息日に死にそうな人がいても助けちゃいけないってのかい？　そもそも、安息日というのは、六日間働いて疲れたから一日くらいはゆっくり休もうってことで設けられたものじゃないか。人間のために安息日というものがあるのであって、安息日のために人間があるわけじゃない。ばっかじゃないの、あんたら」てなことを言ったのである。

このイエスの答えは正論である。今日の我々の感覚からすれば、当たり前すぎるほどの意見である。だが、当時はそれが常識ではなかった。パリサイ派というガチガチの律法主義者たちが幅をきかせていた時代である。律法とは神とユダヤ人との間で結ばれた契約である。何がなんでもその契約は守らなければならない。この考え方を突き詰めれば、安息日には徹底して休養すべきであって、外国から攻められようが、瀕死《ひんし》の重病人がいようが、絶対に労働をしてはいけないのである。

だが、すべての律法を完璧に守りきるというのは不可能なことである。それほどに、ユダヤ教の律法はこと細かく人間生活を規定するものであった。かくしてイエスの反論で弱点をつかれたパリサイ派の人たちはパニクってしまった。でも、他人の麦を食うのはやっぱりどろぼうだと思うけどなぁ…。

安息日は人のためにあるもので、人が安息日のためにあるのではない。（マルコ 2-27）

第25問

「カイザルのものはカイザルに」ってどういうこと?

答 税金を取る奴は同じ穴のムジナだという意味の皮肉。

「福音書」にはイエスが語ったとされる言葉がいろいろ出てくるが、この「カイザルのものはカイザルに、神のものは神に」という言葉も非常に有名である。

当時のユダヤはローマ帝国の属州となっていて、総督が派遣されていた。当然、ユダヤの人々はローマ帝国から税金を徴収されていたが、それに対して、ユダヤ民族主義とでもいうべき立場があった。ローマ帝国の支配に甘んじるのを潔《いさぎよ》しとしない立場である。事実、イエスの死後数十年経ってのことだが、ユダヤ民族はローマ帝国の支配に対して反乱を起こしている。反ローマ感情はイエスの生きていた時代にももちろんあった。

いろいろな奇跡を行ったり、斬新な教えによって人気を博しつつあったイエスに対して、一部ではこの人こそメシア(救世主)ではないかという期待が高まりつつあった。ユダヤのメシアであれば、当然、ユダヤ民族主義の立場に立って、反ローマの旗を振るはずであった。

イエスが最も強く批判し続けた相手、パリサイ派の連中が、イエスに問答をしかけた。「あなたは、ローマに対して税金を納めることをどう思うか?」というのである。これは実に巧妙な質問である。というのは、もし、税金を納めることを否定すれば、イエスはローマ帝国に反逆を企てる謀叛人ということになる。それではパリサイ派の人たちにイエス告発の口実を与えてしまうことになるだろう。

では、肯定した場合はどうか。それでは、イエスはローマの支配を正当なものと認めたことになる。なんだ、ローマの手先だったのか、メシアなんて嘘っぱちではないか、ということになる。どう答えてもろくな結果にはならない。だから、この質問は、きわめて意地の悪い、ある種のワナを含んだ問いだったのである。

これに対して答えたのが、冒頭のセリフである。カイザルとはローマの皇帝を指す。当時の貨幣には皇帝の肖像が描かれていた。イエスは、「この貨幣には皇帝の肖像が描かれているではないか。ということは、これはもともと皇帝のものだ。皇帝のものは皇帝に返せばいいではないか」と言った。しかし、「福音書」ではそのあとに、「しかし、神のものは神に返すべきだ」という言葉をつけ加えている。

さて、この言葉はいったいどう解釈すればいいのだろうか。この言葉をめぐっては、古くから学者の間でも様々な説が唱えられている。一番もっともらしい解釈は、イエスは政教分離の原則を言ったのだというものだ。

ローマの支配は、神の国が実現するまでの過渡的なものであり、地上でのことであるから、天上の世界のこととは分けて考えるべきで、いちおうはローマの支配を条件付きながらイエスは認めたというのである。もちろん、神の国の論理が優先するのではあるが、とりあえずローマ帝国のユダヤ支配は仕方ないんじゃないの、というわけである。

別の解釈もある。いや、大事なのは神の国が実現するかどうかであって、地上のことなどどうでもよい。そのどうでもよいことに目くじら立ててもしょうがないのだから、おとなしく税金を納めればいいのだ、というわけである。結果的には第一の立場と同じことである。

いや、イエスは「神のものは神に」と言うことで、ローマへの納税を拒否する立場に立ったのだという解釈もある。これは、民族自決主義の影響があって、イエスにあくまで民族解放の英雄であって欲しいという願望から出た解釈といえようが、ちょっと無理がある。

いずれの解釈をとっても、パリサイ派の放った巧妙なワナに対する反論にはなっていない。しかし、この言葉を聞いたパリサイ派の人々は、絶句してしまっている。巧妙なワナは見事にクリアされていたからである。とすると、ローマへの納税問題に対して、イエスの答えた「カイザルのものはカイザルに」には、彼らを沈黙させてしまうだけの、重い意味があったと考えるのが当然である。

この発言の真意については、日本が誇る世界最高の新約聖書学者田川建三の解釈が最も合理的である、と本書は考える。いや、この発言に限らず、イエスの言動の真意がどこにあったかについて、田川氏ほど明快かつ合理的に解釈している人は、世界を見渡しても存在しない。その精緻な論証と鋭い視点は、もちろん一部で高くは評価されているが、学界の大勢からは異端視されている。しかし、そのことが、かえって田川建三の優れていることを実証しているといっても過言ではない。

彼の解釈を要約すれば、「お前らユダヤ教の支配者たちは、ローマへの納税はいかんなどと言っているが、そういうお前らだって、神のものは神に返しなさいと言って神殿税（十分の一税）を取り立てているではないか。神の名のもとに取り立てるのは良くて、皇帝の名のもとに取り立てるのが悪いなどとどうして言えるのか。しょせん同じ穴のムジナじゃないか」というようなことを、イエスはパリサイ派に対して言ったというのである。

まさに、これしかない、というくらい明快な解釈である。イエスはおそらくそう意図して言ったはずだ。それは、彼の他の言動との一貫性から考えても間違いはない。

にもかかわらず、「福音書」では、そのへんがあいまいな形で記録されてしまっている。それは、この問題が、当時のユダヤとローマ帝国との微妙な関係と深くリンクするものだからであり、どう答えたとしても差し障りがあるからである。どちらか一方を立てれば、たちまち立場が悪くなる。だから、この問題にはできるだけ触れたくない、というのがキリスト教を作りつつあった人たちの本音ではなかったか。

「目くそが鼻くそを笑う」という言葉がある。「カイザルのものはカイザルに」という言葉には、当時のユダヤ支配層や思想的リーダーたちに対する痛烈な皮肉が込められていたのだった。

このように解釈することで、この言葉を聞いたパリサイ派の人たちの動揺と沈黙が、初めて理解できるだろう。イエスの言葉はまさしく図星だったのである。

自分たちも民衆を抑圧し搾取《さくしゅ》していながら、それを神の名のもとに正当化している。そんな者たちに、ローマ帝国の支配の不当など論ずる資格はない。イエスの言葉にはそういう毒が含まれていたのだ。しかし、残念ながら、この痛烈にして痛快なイエスの言葉は、そのままの形で記録され、後世に受け継がれることはなかった。

イエスは彼らの悪意を知って言われた、「偽善者たちよ、なぜわたしをためそうとするのか。……カイザルのものはカイザルに、神のものは神に返しなさい」。彼らはこれを聞いて驚嘆し、イエスを残して立ち去った。
（マタイによる福音書 22-18〜22）

第26問

「右のほほを打たれたら左もさしだしなさい」ってどういうこと？

答 理不尽な暴力に対するささやかな抵抗の言葉。

おそらくイエスの言葉の中でもっとも有名な言葉ではないだろうか。キリスト教の博愛主義を象徴する言葉である。だが、この言葉は逆にキリスト教徒の偽善を象徴する言葉でもある。

右のほほをぶたれたら、左もさしだせだって？　ざけんじゃねえや。そんなこと誰が喜んでできるか、と思うのがキリスト教徒以外の人の素朴な感想ではなかろうか。いや、キリスト教徒でさえ、「うーん、そうは言っても、なかなかね」と感じている人が多いのではないだろうか。

こんな教えがどうして広まったのだろうか？　博愛だと言ってしまえばそれまでだが、戦前の日本の修身でさえ、ここまで従順になれとは教えていない。もっとも、ぶつ相手が親だとか先生だとかなら、愛のムチとして受け入れなくてはならないだろうが、赤の他人からこんなことをされて、にっこり笑って左のほほをさしだすなんて、そんなバカなことは教えていない。どんな儒教かぶれの頭コチコチの校長先生だって、朝礼でこんなことを言ったらみんなの笑いものだろう。

失礼ながら、初期のキリスト教徒たちというのは、そんなに上品な人々ではなかった。どちらかというと、キリスト教は虐《しいた》げられた者、差別された者たちの間で広まっていたのである。そんな人たちが、どんな暴力にも無抵抗どころか、喜んで笑いながらそれを受け入れろというような教えを、どうして素直に信じることができただろうか。

これも、「福音書」のマジックというものである。「福音書」には、イエスの本来の言動を、その毒を薄め、ある場合には同じ言葉を用いながら、まったく逆の意味に転換してしまっていることが非常に多いのだ。極端に言うならば、本来のイエスの言動は、「福音書」の記す意味を百八十度ひっくり返せば、その真意が分かるといってもいいくらいである。

イエスは暴力に対して服従を説いたのでも無抵抗を主張したのでも、ましてや抑圧する相手に対する無償の愛を説いたのでもない。暴力とはいつも理不尽である。しかし、弱い者がそれに抵抗しても押しつぶされるだけだ。それなら、自分の右のほほを打つ相手に対しては、せめてこう言って反論してやれ、と言ったのである。

「おう、右のほほをぶちやがったな。上等じゃねえか。なんなら、左もぶってみたらどうだ。そのかわり、覚えておけよ。なぐられた俺は天国に行けるが、なぐったてめえの方は永遠に地獄だぜ。ざまあみろ、はっはっは」

これは愛の教えでもなんでもない。しかし、ヤクザのお礼まいりともまた違う。抑圧された者、差別された者、弱い者にとっての精神の慰《なぐさ》めなのである。暴力に対して暴力で立ち向かっても意味はない。そもそもそんな力は弱い者にはない。しかし、右のほほを打つ者に対して左をさしだし、上着を奪う者に対して下着まで投げつけてやることによって、弱い者はやっと、ささやかな溜飲《りゅういん》を下げることができるのである。

悪人に手向かうな。もし、だれかがあなたの右の頬を打つなら、ほかの頬をも向けてやりなさい。あなたを訴えて、下着を取ろうとするものには、上着をも与えなさい。（マタイによる福音書5-39、40）

第27問

イエスは性欲というものをどう考えていたか?

答 抑えてもしょうがないものと考えていた。

前項の言葉と並んで非常に有名なのが、イエスの「姦淫《かんいん》」に関する発言である。少し長いが、「マタイによる福音書」から引用してみよう。

「『姦淫するな』と言われていたことは、あなたがたの聞いているところである。しかし、わたしはあなたがたに言う。だれでも、情欲をいだいて女を見る者は、心の中ですでに姦淫をしたのである。もしあなたの右の目が罪を犯させるなら、それを抜き出して捨てなさい。五体の一部を失っても、全身が地獄に投げ入れられない方が、あなたにとって益である。もしあなたの右の手が罪を犯させるなら、それを切って捨てなさい。五体の一部を失っても、全身が地獄に落ち込まない方が、あなたにとって益である」云々。

き、きびし〜いっ! そんな無理なこと言わないでちょうだいよ、と言いたい気分である。姦淫というのは、まあ、婚外交渉、つまり不倫と考えていい。買春も含まれるだろう。なにしろ、当時のユダヤ教では、売春した事実が判明したら、女は石で打ち殺してもよいということになっていた。

こんなことを現代日本に適用したらえらいことになってしまう。もっとも、戦前の日本には姦通罪というのがあったし、韓国では今でもある。日韓双方のプロ野球で首位打者を取った白仁天という選手が、韓国で姦通罪で逮捕された事件をご記憶の方もいるだろう。

だが、清廉潔白《せいれんけっぱく》、さすが神の子といわれるわがイエスは言うことが違う。体だけじゃダメだ。心でも不倫しちゃいかん、とおっしゃるのである。いい女を見ても欲情してはいかん、そんなエッチな目などくり抜いてしまえ、そうしないと地獄行きだ。通勤電車で痴漢でもしようものなら大変だ。早く手を切り落としてしまわないと地獄に落ちてしまうぞ、というのだ。まあ、痴漢はともかくとしても、心の中で「ああ、やりたい」と思っただけで地獄とは、そりゃ、あんまりきびしすぎませんか？

だが、本来のイエスの言葉は実はまったく逆なのだ。え？　痴漢を奨励しているのかって？　まあ、そういうことではないが、前述のイエスの言葉もまた、あのコチコチのパリサイ派相手に放った痛烈な皮肉なのである。

「お前たちは『姦淫するな』とか言っていちいちうるさいが、お前らだっていい女を見れば『ああ、やりたい』ぐらいは思うだろう。目の保養とか、ちょっとさわるぐらいなら、とか思ってねえか？お前らの論法で言ったらそれだってアウトだよ。どうする？　お前ら、自分の目が姦淫してるんなら、目をくり抜いた方がええんでないの？　この右手がどうにもエッチで困るってんなら、それ切り落とせば？　な、そんなの嫌でしょ。だからお互い無理なことを言うのはよそうぜ」

こういう教えなら、喜んで受け入れられそうでしょう？

不品行、盗み、殺人、姦淫、貪欲、邪悪、欺き、好色、妬み、誹り、高慢、愚痴。これらの悪はすべて内部から出てきて、人をけがすのである。（マルコによる福音書 7-21〜23）

第28問

イエスの考え方の基本は何？

答 **ヒューマニズム。**

キリスト教の博愛主義、人道主義が嘘だというのは、たとえば、十字軍の遠征や、魔女狩りなどの残忍な例を見れば明らかである。ヒットラーのユダヤ人大虐殺にしても、もとをただせばキリスト教的発想が影響している。キリスト教徒とは、「神を信じない奴ぁ人間じゃねえ、たたっ斬ったる！」という、破れ傘刀舟《やぶれがさとうしゅう》（知らない人はごめんね）のような恐ろしい人たちなのだ。でも破れ傘刀舟って、ばったばったと人殺しするけど、それでも正義の味方なんだけどね。

それはともかく、キリスト教徒に恐ろしい人がいると言っても、彼らの崇《あが》めるイエス・キリストもそういう危険思想の持ち主だったかというと、決してそうではない。また、キリスト教は偽善の教えだとしばしば指摘されるが、イエスはその偽善を何よりも憎んだ人である。

こういうことがあった。ある売春婦が、売春が露顕《ろけん》したというのでみんなから石を投げつけられ、まさに殺されようとしているところにイエスが通りかかった。石を投げている人の一人が、「お前さんも石投げたらどうだ？」と誘ってきたが、イエスは地面に何か書いている。「どうして、石を投げないんだ？」と重ねて催促《さいそく》されたイエスは、「お前たちの中で罪のない者だけが、この女に石を投げればいい」とつぶやいた。はっとしたみんなは完全に白けて解散してしまった。その後、イエスは売春婦をやさしくいたわるのであった。めでたし、めでたし……。

　イエスがその時何を書いていたかは全く不明である。また、イエスがその女に気があったから助けたのかどうかも不明である。まあ、そういうことではなかったのだろう。この行動から考えると、前項での「姦淫」に対するイエスの考え方もよく理解できる。そうなのだ。イエスはエッチの問題についてはこう考えていたのだ。

「あんたかてエッチやろ。わてかてエッチや。そやから自分の事を棚に上げて他人を責めるのはやめなはれ」

　え？　イエスもエッチってそりゃ言い過ぎだとおっしゃるなら、イエスはなぜ女に石を投げなかったのか。彼は、「罪のない者だけが石を投げろ」と言ったのだ。言い換えれば、エッチな奴は石を投げたらアカン、と言っているのである。みんな白けて解散したということは、その場にいた全員が、自分も実はエッチだという自覚があったからで、誰でもそうだということをイエスはよく知っていたのである。何故知っていたか？　それはもちろん、自分もエッチだという自覚があったからだ。

　後世のキリスト教徒には、自分がエッチだということを隠そうとする人が多いようだが、いや、それどころか、自分自身さえ欺《あざむ》いて、自分はエッチではないと、虚しい自己暗示をかけて苦しんでいる人も多いだろう。そういう人に対して教祖のイエス様は、「まあ、無理せんときや」とやさしく語りかけているわけなのである。

　これを真のヒューマニズムと言わずして何をヒューマニズムと呼べようか。


人をさばくな。自分がさばかれないためである。あなたがたがさばくそのさばきで、自分もさばかれ、あなたがたの量るそのはかりで、自分にも量り与えられるであろう。（マタイによる福音書7-1、2）

第29問
イエスは律法についてどう考えていたか？

答 **そんなものはいらん。**

イエスはユダヤ教の律法についてどう考えていたか。ここまでに、「安息日」「納税」「姦淫」などについてのイエス本来の考え方を紹介してきたので、もうお分かりだろう。イエスは「そんなものはいらん」と考えていたのだ。もっと言えば、彼は彼なりのヒューマニズムの立場から、人々を苦しめる律法の存在というものを憎んでさえいたのだ。

だが、イエスはまぎれもなくユダヤ教徒である。律法を否定したのでは、もはやユダヤ教徒とはいえない。異端どころか、完全な異教徒、あるいは無神論者として弾圧されてしまうだろう。もっとも、初期のキリスト教徒たちも、ユダヤ教徒やローマの人々から無神論者として差別されたり弾圧されたりしている。キリスト教はもちろん無神論とはいえないが、イエスの思想には、時に無神論ではないかと思われるような箇所もしばしば見られる。

律法を真っ向から否定するわけにはいかないが、当時幅をきかせていたパリサイ派などの律法学者たちに対しては、イエスは鋭い批判を投げ続けた。律法を楯にとって、人々に無用な苦痛を強いる彼らは、憎悪の対象ですらあった。おそらく本音では、「律法なんてものがあるからいかんのだ」と思っていたことだろう。その本音は、後世に受け継がれ、やがて『新約聖書』として結実していく。

律法はモーセをとおして与えられ、めぐみとまこととは、イエス・キリストをとおしてきたのである。（ヨハネによる福音書1−17）

第30問 ずばり、イエスってどういう人？

答 たとえれば、ビートたけしみたいな人。

先に紹介した田川建三には『イエスという男』という著作がある。その中で田川は、イエスのことを「逆説的反抗者」と表現した。まさにぴったりの表現である。イエスという男をこの上なく正当に評価したものだといえよう。

イエスの言動には皮肉が込められていることが非常に多い。毒舌である。いわゆる世間の良識から見ると、過激な言動である。しかし、それでいて、実は正論なのである。世間の良識者が眉をひそめるようなことでも、一皮むけば、本音は逆だったりということはよくあることだ。そのへんを、皮肉やら毒舌やら俗なたとえ話やらで小気味よく斬っていく。イエスとはそういう人であり、その底流には権威や権力、見せかけの良識、偽善などに対する旺盛な反骨精神が満ちていた。だからこそ、人々の共感を得たのである。

そのような人物を現代の日本で探せば、ビートたけし以外にないだろう。彼の漫才時代の傑作標語、「赤信号、みんなで渡れば怖くない」などは逆説であり、良識への反骨であり、人間心理の本質を突いたものである。イエスがペテロら十二使徒などによってキリスト教の教祖に祭りあげられたように、たけしも、「たけし軍団」によって「北野教」の教祖となる日が来るかどうか、それは分からないが。

その言葉に権威があったので、彼らはその教に驚いた。（ルカによる福音書4−32）

第31問

イエスはなぜ故郷のガリラヤでは受け入れられなかったのか?

答 悪ガキ時代を知られていたから。

痛快な言動と病人治しなどの奇跡により、行く先々で群衆の人気を博してきたイエスとその一行だったが、なぜか故郷のガリラヤでは冷たい扱いを受け、少々の病人を治すぐらいのことしかできず、得意のパフォーマンスを見せることもなく終わってしまった。

「預言者というものは、故郷以外では必ず受け入れられる」などと負け惜しみを言うイエスであったが、考えてみればそれも当然だったかもしれない。大相撲で大関になり、故郷に凱旋してパレードする光景をテレビで見たりするが、「あの悪ガキが頑張って、大関にまでなって帰ってきた」といって地元の人は大喜びする。あれは、大関という地位と名誉を得たからであって、そういう実績もなく、ただ行く先々で人気を博しつつあるという風評だけで、「あなたがたに告げよう」などと偉そうな説教をたれても、悪ガキ時代を知っている者にとってはまるで説得力はなかっただろう。

イエスが悪ガキだったかどうかはともかく、三十歳ぐらいまでは何をしていたか分からないし、父親が誰かも分からない私生児のようなものだったから、世間から白い眼で見られ、若い頃はグレていたとしても不思議ではないだろう。彼の反骨精神は、こういう世間の冷たい視線を浴びることによって育っていったのかもしれない。

「この人は大工ではないか。マリアのむすこで、……またその姉妹たちも、ここにわたしたちと一緒にいるではないか」。こうして彼らはイエスにつまずいた。(マルコによる福音書6-3)

第32問　イエスが「宮清め」を行えたのはなぜ？

答　イエスがたくましく、怖そうな男だったから。

イエス一行は、いよいよ首都エルサレムに入って活動を開始することになった。エルサレムに来てイエスが最初に行ったのは、「宮清め」と呼ばれるものである。エルサレムはユダヤ教の総本山であり、そこには壮大な神殿があった。この神殿に入っていったイエスは、神聖であるべき神殿の庭が商売人たちでごったがえしているのを見て憤慨した。そこで、商売人たちをみな追い出し、両替人の台や鳩を売る者の腰掛けをひっくり返し、「ここは強盗の巣だ」と言い放ったのである。

今風に考えれば、縁日で賑《にぎ》わう神社の境内に殴り込みをかけ、綿飴《わたあめ》や金魚すくいのおっさんを蹴飛ばして追い出すのと同じようなものである。

ところが、こういうイエスの乱暴狼藉に対して誰も抵抗した形跡がないのである。イエスという男は、よっぽど怖そうだったのだろう。私などは、かつてスタン・ハンセンと猛獣コンビを組んで、最強の名を欲しいままにしたプロレスラーの故ブルーザー・ブロディを見て、「ああ、イエスというのはこういう男だったんだろうな」と思ったものだが、イエスという男は、一般に想像されているような、なよなよした聖人君子などではなく、筋骨隆々のマッチョマンで、時に獰猛《どうもう》に吠えたりするような男だったに違いない。

祭司長、律法学者たちはこれを聞いて、どうかしてイエスを殺そうと計った。（マルコによる福音書 11-18）

第33問

イエスはなぜユダヤ教指導層と対立したのか?

答 **あれだけ批判すれば当然でしょう。**

イエスの言動というのは、皮肉たっぷりで、常に鋭い毒を含んでいる。その矛先《ほこさき》は主に、パリサイ派に対して向けられた。当時ユダヤ教には様々な宗派があった。パリサイ派の他には、サドカイ派やエッセネ派、ゼロテ派などといったものが知られている。このうち、サドカイ派というのはユダヤ教のエリート集団というか、支配階級を形成した一派で、サンヘドリン(ユダヤ教の最高法院)において多数派を占めていた。一方、パリサイ派は、最も大衆に浸透していた一派で、サンヘドリンでは少数派に過ぎなかったが、活発な活動を通じて最も影響力を持っていた。イエスの活動が新しい宗教運動や分派活動であったのかどうかは定かでないが、大衆に何かを訴えかける以上は、必然的にパリサイ派との衝突は避けられないものであった。

そして、イエスの過激な言動は、サドカイ派など、ユダヤ教指導層にとっても次第に目障りなものになっていったに違いない。だいいち、神殿に入って行って勝手に人を追っ払ったり、商売をやめさせたりすれば、神殿を運営する側の人間が、「お前、何様だ?」とカチンときて当たり前である。

イエスがエルサレムに入ってきた時、民衆は歓呼して迎えたという。ユダヤの人々にはメシアを待望する空気が充満しており、売り出し中の預言者イエスがひょっとしてそのメシアかもしれないという期待があった。これに対してユダヤ教の指導層が危機感を持つのは当然だろう。「福音書」では、それを「嫉妬」と表現しているが、嫉妬というよりは、ローマ帝国の目が光っているところで、物騒なことをしでかされては迷惑千万という危機感である。ローマの属州になったとはいえ、ユダヤ人には最低限の自治が与えられ、サンヘドリンは宗教的にも行政的にも健在なのである。それが、救世主現わるなどといって、民族解放運動にでも発展してしまったらえらいことである。

実際、この後数十年してユダヤに大規模な反ローマの反乱が起き、さらに数十年後に起こった二度目の乱も鎮圧されて、ユダヤの自治は完全に失われ、神殿は跡形もなく破壊されている。

ローマの機嫌をうかがいながら、妥協しつつかろうじて自治を保っているという状況下では、メシア思想などというのは実に危険な思想だったのである。

もっとも、イエスにメシアという自覚があったかどうかは分からない。人々が勝手にそう思い込んでいたというだけのことかもしれない。少なくとも、「福音書」ではそのように描かれている。イエスの目指すものは、現実世界の政治改革とか民族解放などではなく、あくまで神の国の実現だったということが強調されているのだ。

だが、実際のイエスと「福音書」の描くイエス像とはしばしば食い違っている。仮にイエスが民族解放の旗手だったとしても、「福音書」が書かれたのは、ユダヤ民族の反乱の最中やその後のことである。「福音書」の書記者たちには、イエスの教えが民族解放などという危険思想ではないことを、ローマ帝国にアピールする必要があったという事情も忘れてはなるまい。

群集は、前に行く者も、あとに従う者も、共に叫びつづけた、「ダビデの子に、ホサナ。主の御名によってきたる者に、祝福あれ。いと高き所に、ホサナ」（マタイによる福音書21-9）

第34問 イエスは誰のせいで死刑になったのか？

答 結局は自業自得。

エルサレムに入ってからのイエスは、相変わらずの過激な言動によって、ユダヤ指導層から危険視され、やがて神を冒瀆《ぼうとく》するものとして告発された。弟子の一人ユダの裏切りによって逮捕されたイエスは、裁判にかけられ死刑を宣告される。

さて、イエス処刑責任論というのがある。イエスを死刑にしたのは誰か？　という責任追及の論議である。イエスは何しろ神の子である。それを殺すなんてのは大変な罰当たりである。いったいそんな罰当たりは誰なのか、イエスが死刑になった一番の責任は誰にあるのか、これは、たぶんイエスの処刑の直後から論議され、「福音書」を書く時に書き手が最も注意を払ったと思われる問題である。

イエスを裏切って官憲の手に渡した十二使徒の一人イスカリオテのユダ、彼にももちろん責任があるだろう。彼は裏切った自責の念から自殺したとされている。他の弟子たちにもイエスが官憲に捕らえられるのを見捨てて逃げ出したという汚点がある。そのことは彼らの次の世代である「福音書」の書き手たちによっても、控えめながら糾弾《きゅうだん》されている。

ユダヤ総督ピラトにも責任がある。彼は何といっても行政の長であり、裁判の最終決定者である。イエスに罪がなかったのであれば、彼の権限で無罪にできたはずだが、実際にはイエスは死刑になっている。本来なら、彼こそがイエス処刑の最高責任者として最も糾弾されなければならない人物のはずだ。

ところが、「福音書」は四つともすべて、ピラトの責任を軽く扱っているか、または、まったく責任がなかったかのように記して、結局、イエスを死刑にした最大の責任者はユダヤ人であると語っている。その論点は、各福音書で微妙にニュアンスが異なっているので、その微妙な相違を見るために、イエスが捕らえられ、ピラトによって裁判される時の模様を、「福音書」の成立した順に、引用することにする（引用は、日本聖書協会の一九五四年改訳のものに拠った）。

〔マルコによる福音書〕（七〇年頃の成立）

さて、祭のたびごとに、ピラトは人々が願い出る囚人一人を、ゆるしてやることにしていた。ここに、暴動を起し人殺しをしてつながれていた暴徒の中に、バラバという者がいた。群衆が押しかけてきて、いつものとおりにしてほしいと要求しはじめたので、ピラトは彼らにむかって、「おまえたちはユダヤ人の王をゆるしてもらいたいのか」と言った。それは、祭司長たちがイエスを引きわたしたのは、ねたみのためであることが、ピラトに分かっていたからである。しかし祭司長たちは、バラバの方をゆるしてもらうように、群衆を煽動《せんどう》した。

そこでピラトはまた彼らに言った、「それでは、おまえたちがユダヤ人の王と呼んでいるあの人は、どうしたらよいか」。彼らは、また叫んだ、「十字架につけよ」。ピラトは言った、「あの人は、いったい、どんな悪事をしたのか」。すると、彼らはいっそう激しく叫んで、「十字架につけよ」と言った。

それで、ピラトは群衆を満足させようと思って、バラバをゆるしてやり、イエスをむち打ったのち、十字架につけるために引きわたした。

〔マタイによる福音書〕（八〇年代前半頃の成立）

（前半省略）総督は彼らにむかって言った、「二人のうち、どちらをゆるしてほしいのか」。彼らは「バラバの方を」と言った。ピラトは言った、「それではキリストといわれるイエスは、どうしたらよいか」。彼らはいっせいに「十字架につけよ」と言った。しかし、ピラトは言った、「あの人は、いったい、どんな悪事をしたのか」。すると彼らはいっそう激しく叫んで、「十字架につけよ」と言った。ピラトは手のつけようがなく、かえって暴動になりそうなのを見て、水を取り、群衆の前で手を洗って言った、「この人の血について、わたしには責任がない。おまえたちが自分で始末をするがよい」。すると、民衆全体が答えて言った、「その血の責任は、われわれとわれわれの子孫の上にかかってもよい（以下省略）。

〔ルカによる福音書〕（八〇年代後半頃の成立）

ピラトは、祭司長たちと役人たちと民衆とを、呼び集めて言った、「おまえたちは、この人を民衆を惑わすものとしてわたしのところに連れてきたので、おまえたちの面前でしらべたが、訴え出ているような罪は、この人に少しもみとめられなかった。（中略）この人はなんら死に当たるようなことはしていないのである。だから、彼をむち打ってからゆるしてやることにしよう」。（中略）ところが、彼らはいっせいに叫んで言った、「その人を殺せ。バラバをゆるしてくれ」。（中略）ピラトはイエスをゆるしてやりたいと思って、もう一度彼らに呼びかけた。しかし彼らは、わめきたてて「十字架につけよ、彼を十字架につけよ」と言いつづけた。ピラトは三度目に彼らにむかって言った、「では、この人は、いったい、どんな悪事をしたのか。彼には死に当る罪はまったくみとめられなかった。だから、むち打ってから彼をゆるしてやることにしよう」。ところが、彼らは大声をあげて詰め寄り、イエスを十字架につけるように要求した。そして、その声が勝った。ピラトはついに彼らの願いどおりにすることに決定した。そして、暴動と殺人のかどで獄に投ぜられた者の方を、彼らの要求に応じてゆるしてやり、イエスの方は彼らに引き渡して、その意のままにまかせた。

〔ヨハネによる福音書〕（一〇〇年頃の成立）

（ピラトと群衆とのやりとりは省略。ピラトとイエスの会話）そこでピラトは言った、「何も答えないのか。わたしには、あなたを許す権威があり、また十字架につける権威があることを、知らないのか」。イエスは答えられた、「あなたは、上から賜わるのでなければ、わたしに対してなんの権威もない。だから、わたしをあなたに引き渡した者の罪は、もっと大きい」。

これを聞いて、ピラトはイエスを許そうと努めた（以下省略）。

時代が下るにつれて、イエス処刑に対する、ユダヤの人々の責任がどんどん強調されていくのがお分かりだろう。

「マルコによる福音書」でも、すでに、イエス処刑の責任はピラト（つまりはローマ帝国）よりも、煽動した祭司長たちや、その煽動に乗ったユダヤの人々にあったという具合に記述されている。それが、「マタイによる福音書」になると、ピラトがわざわざ水で手を洗って「自分には責任がない」と語る場面が加わり、それに対してユダヤ人群衆が、「その血の責任はわれわれとわれわれの子孫にふりかかってもよい」と叫ぶ。「ルカによる福音書」では、ピラトは三度までも群衆にイエスの無実を訴えたが、群衆の声に負けてしまったとなり、さらに、マルコ、マタイの福音書で登場していたローマの兵士が消えて、ユダヤの群衆がイエスを磔《はりつけ》にしたことになっている。最後のヨハネの福音書では、イエス本人がピラトに向かってわざわざ「あなたよりも、ユダヤの群衆の責任の方が重い」と言ったことになっている。

ピラト、あるいはローマ帝国に対する「福音書」の気の遣いようは異常なほどにしつこい。それに対して、ユダヤの群衆の狂気というか、分からず屋ぶりは、時代が下るほど激しいものとして描写されている。

ちなみに、最古の福音書である「マルコによる福音書」が書かれたのは、七〇年頃、ちょうどユダヤ戦争（ローマ帝国に対するユダヤ民族の解放戦争）の最中と言われている。この戦争において、当時のキリスト教会は傍観者的態度をとったとされている。マタイとルカの「福音書」が書かれたのは、この戦争でユダヤが荒廃した後の、八〇年代、最後のヨハネは、一世紀末か二世紀の初め頃の成立とされている。

こうした時代背景や、その時期のキリスト教会の意向といったものを考えると、イエスの処刑についてローマの関与は少なく、責任は主にユダヤの人々にあるということが、どうしてあれほどしつこく強調されなければならなかったのかがよく分かる。

だが、こうした事情から逆算して考えれば、実際のイエスの処刑の模様は、「福音書」の記すものとは、いささか様相が異なっていただろうという結論が導き出せる。ローマのユダヤ総督には、大きな権力があった。それは、サンヘドリンの決定などに左右されるようなものではなかったし、ましてや、被支配民族の群衆の叫びで簡単にくつがえせるようなものでもなかったのだ。

もっとも、ピラトにしてみれば、単なるユダヤ人の間での内紛ぐらいにしか思わなかったかもしれない。お前たちで勝手にやれよ、という気分だった可能性はある。しかし、それにしても、「福音書」にあるように、手を洗ってまで責任はないと言い訳したり、許そうと思ったけど群衆の声に負けて仕方なく有罪にしてしまったとか、被告本人から、あなたの責任は軽いよと言われる、などという場面は、常識的に絶対あり得なかったはずだ。

結論としては、ユダヤ教の祭司たちが、騒動になるのを恐れて過激派ともいうべきイエスを告発し、総督のピラトが事の重大さなど考えもせず有罪と判決した、というあたりが事実ではないだろうか。ただ、事の善悪はともかくとして、結局イエスが死刑にされてしまったのは、イエス自身の言動にあったのは明らかである。イエスはユダヤ教の律法のあり方に大きな疑問を投げかけ、舌鋒鋭く批判を展開し続けた。それは、人間を支配するもの、抑圧するもの、縛るものに対する反逆であった。支配側から抹殺されてしまうのは必然の成り行きだったというしかあるまい。

イエスの罪状書きには「ユダヤ人の王」と、しるしてあった。
（マルコによる福音書15‐26）

第35問 ユダヤ総督ピラトってどんな人物だった?

答 勝手きままな独裁者。

「福音書」の中では、優しいけれど、優柔不断、心の中ではイエスの無罪を確信していたのに、ユダヤ人たちの声に負けて結局イエスの死刑を認めてしまった気の弱い人物として描かれているピラトこと、ローマ帝国のユダヤ州総督ポンティウス・ピラトスだが、その実像はちょっと違っていたようである。

ローマ帝国内でのピラトの政敵が彼を告発した文書が残っているが、それによれば、ピラトという人物は大変な暴君だったようである。法律や判例を無視して勝手に裁判をしては気ままに死刑を宣告するなどということは、日常茶飯事だったようだ。ユダヤの人々に対する暴行、略奪、圧政の数々などが告発され、結局そうした暴君ぶりが仇となって総督を解任されたようである。

もっとも、これは政敵からの告発文書だから、かなり誇張もあっただろう。根も葉もないことも書かれていたかもしれない。だが、それにしても、そういう告発をされるくらいだから、決して気の弱い統治者などではなかったはずだ。こんなひどい奴がイエス処刑の最高責任者だったのに、「福音書」の書き手たちは、腫《は》れ物にでも触るようにピラトを弁護しなければならなかったのだ。その心情には同情を禁じ得ない。

総督はイエスに尋ねて言った、「あなたがユダヤ人の王であるか」（マタイによる福音書27−11）

第36問 イエスは死ぬ時何と叫んだのか？

答 「エリ、エリ、レマ、サバクタニ」

「福音書」の記すところによると、十字架の上でいよいよ死を迎えようとした瞬間にイエスが語ったのは、「エリ、エリ、レマ、サバクタニ」という言葉だった。これは、「わが神、わが神、どうしてわたしをお見捨てになったのですか」という意味である。

そして、この言葉は『旧約聖書』の「詩篇」第二十二篇の冒頭に出てくる言葉でもある。この「詩篇」というのは、いわば神への片想いを綴《つづ》ったもので、「私はこんなにあなたのことを愛し、その救いを願っているのですから、早くなんとかして下さい」というようなことが綿々と綴られている。

そんなところから、イエスは死の瞬間まで、敬虔《けいけん》に神を信じていたのだという解釈もあるが、人間死ぬ瞬間に、そんなややこしいことを考えて言葉を発するものだろうか。自分はいちおう神を信じて、その道を全うするためにいろいろ頑張ってきたが、その結果がこの無残な十字架刑とは何たることか。「ちきしょう、神はおれを見放しやがったな。いや、分かった、本当は神なんていなかったんだ！」。

イエスの生涯とは、言ってみれば宗教との戦いであり、神との戦いなのであった。そして最期の瞬間、彼は神が存在しないことを悟り、真の意味での無神論者となったのだ。そんな彼の行き先は、天国でも地獄でもないはずだ。

そのとき、イエスは声高く叫んで言われた、「父よ、わたしの霊をみ手にゆだねます」。こう言ってついに息を引きとられた。（ルカによる福音書23-46）

第37問

イエスにはどんな呼称があったか？

答　メシア、キリスト、神の子、主、人の子など。

イエスという人は、生前とその死後とにおいて、さまざまな呼ばれ方をしている。キリスト教とは、このイエスをキリスト（救世主）と信じることが根本となって成立した宗教であり、キリストとは、メシアというヘブライ語をギリシア語に翻訳した言葉である。メシアとは、「油を注がれる者」という意味で、神から選ばれた者を指す。当時、王や祭司の即位式で、油を注ぐという儀式が行われていた。ユダヤ人の王や祭司は、一種の救世主と見なされていたのである。

しかし、ユダヤ人は一向に救われない。したがって、現実の王や祭司ではなく、本当の救世主がいつか現れるはずだ、という期待と願望が人々の間に高まっていった。メシアとは、やがて現れるであろう本当の救世主を意味するようになっていった。

イエスは生前かなり派手に活動していた。幾多の奇跡を起こし、パリサイ派やサドカイ派の連中を言い負かし、神殿の商人たちを追い払うなどした。その発する言葉は、これまでの律法学者らの言い方とはまるで違っていた。人間主義に基づいて、律法学者らの不合理、矛盾、抑圧的な思考を粉砕していったのである。その痛快な言動に、もちろん一部ではあったろうが、人々は大いなる賛辞を与え、彼こそが本当の救世主なのではないかと期待したのであった。

イエス自身も、人々の賛辞と期待を感じて、自分がメシアではないかと思うようになっていったようだ。弟子たちとともに、ベタニアというところに滞在していたとき、村の娘が食事中のイエスの頭に油を注ぎかけるという事件があった。弟子たちは「何をするんだ！（油が）もったいない」と怒ったが、イエスはけっこう喜んでいた。油を注がれるということは、神に選ばれたメシアであることを意味している。娘が本当にイエスをメシアと思ったのか、あるいは単なるしゃれだったのか、どういうつもりでイエスに油を注いだのかは分からないが、イエスはまんざらでもなかったようで、「この女のした事も記念として語られるであろう」などと弟子たちに語っている。

さて、イエスの運動は、彼の死とともにいったんは挫折したかに見えたが、〝彼の復活〟によって、新たな局面を迎えることになる。イエスが復活したと信じる者たちによって、彼は「神の子」と呼ばれるようになる。さらに、「主」という呼び方もされるようになった。「福音書」によると、イエスは生前から主と呼ばれることもあったように書いてあるが、主とは限りなく神に近い存在ということである。生きているうちは、そのように呼ばれたとは考えにくい。

さて、神の子とか主とは別に、福音書では「人の子」という表現がしばしば登場する。人の子って、そりゃ誰でも人の子のはずだが、この言葉にもどうも特別の意味がありそうである。神が、特別に人間の子という形をとって、人間世界に派遣した使いというような意味合いがこめられているのかもしれない。

さて、弟子たちが一緒に集まったとき、イエスに問うて言った、「主よ、イスラエルのために国を復興なさるのは、この時なのですか」（使徒行伝1-6）

第38問

イエスは本当に死後三日目に復活したのか？

答 イエスの影武者か復活の演出者がいたと考えられる。

「福音書」などによれば、イエスは死後三日目に蘇ったという。その様子は「福音書」や弟子たちの手紙などによって多少の違いはあるが、とにかくイエスは復活したのである。

最も古い福音書である「マルコによる福音書」によれば、イエスが本当に復活したのかどうかは実は曖昧《あいまい》である。イエスが十字架の上で死んだ翌々日の早朝、三人の女性がイエスが埋葬された墓に行くと、墓の中が空だったというのである。おそらく、本来の事実はそのことだけだったのだろう。

このときの三人の女性の一人が、「マグダラのマリア」という人である。一部には、この人はイエスの愛人だったのではないかという説もあるが、たぶんその通りだろう。新興教団の教祖的存在で、誰も思いつかないような言葉を発し、しかもそれが説得力を持つというカリスマ、それがイエスという男だった。そんなパワフルな男に愛人の一人や二人いてもおかしくない。現代の新興宗教の教祖たちを見ても、そのことは十分にうなずけるはずだ。彼らは例外なく精力家であり、発覚するしないにかかわらず、女性スキャンダルの経験者である。

さて、そんなカリスマの愛人だった女性が、自分が身も心も捧げた相手の死を簡単に認めるだろうか？　神に近い存在とまで信じていた人があっさりと死んでしまい、それですべておしまい、などとは断じて許されるものではない。それでは私はいったい何のために生きてきたの？　私の青春は何だったの？　あの人が死んでしまうなんて……。そういう気持ちを抱きつつ、イエスが埋められているはずの墓に行ってみたら、な、なんと空っぽだった！　やっぱりあの人は死んでなどいなかったのだわ！　いえ、仮に一度は死んだのかもしれないが、蘇ったのだわ！　ああ、あの人は私の見込んだ通り、ただの人ではなかった。やっぱり神の子だったんだ！

イエス復活の物語は、まずマグダラのマリアの口を通じて人々に語られていった。もちろん多くの人は信用しなかっただろうし、イエスの直弟子たちも最初は半信半疑だったに違いない。ところが、どこの誰かは知らないが、これを利用してイエス教団の再興を考えた人物がいた。イエスが死んで弟子たちも四散してしまい、教団はこのまま消滅するはずだった。しかし、イエスの復活を信じさせることができれば状況は一変する。イエスこそ本当の救世主だったと思わせること、それが後のキリスト教の第一歩となった。

ところで、墓が空っぽだったというのが本当だとすれば、いったい誰がイエスの死体を掘り起こしたのだろうか？　ちなみにイエスの死体をピラトから引き取り、岩を掘った墓に埋葬したのは、アリマタヤのヨセフという人だった。その様子を見届けたマグダラのマリアらが、改めて墓に行ったのは、イエスの死の翌々日だったが、それは、前日が安息日だったからである。墓を掘り起こした者がいたとすれば、それは、イエスの死んだ晩から翌日の安息日にかけて掘り起こした者だろう。彼はそうしておいてマリアらに空の墓を見せ、そして、もしかするとイエスの影武者を立てて、ちらちらと信者たちの前に姿を現し、イエスの復活を信じ込ませようとしたのかもしれない。

アリマタヤのヨセフスが大胆にもピラトの所へ行き、イエスのからだの引取りかたを願った。（マルコによる福音書15-43）

＋α

悲劇の聖地エルサレム

イスラエルの首都エルサレムは、ユダヤ教、キリスト教、イスラム教の三つの宗教の聖地である。

ユダヤ教にとっては、いうまでもなくここはダビデ王、ソロモン王の栄光の都であり、かつてユダヤ教の大神殿のあった地である。それが、一世紀から二世紀にかけて起こった二度のユダヤ戦争の結果、神殿はローマ軍によって破壊された。さらにその後イスラム教の聖地となったため、ユダヤ教徒たちはわずかに残った西側の壁に集っては、失われた神殿や亡国の民となった民族の悲しみに思いをはせ祈りを捧げる。これが、いわゆる「嘆きの壁」である。

キリスト教徒にとっても、この地はイエスが最後に布教活動し、処刑され、そして復活した重要な地である。イエスが十字架を背負って歩いたゴルゴダの丘へつづく道は、今日でも十字架を捧げて行進するキリスト教徒の姿が絶えない。また、イエスが十二使徒らと過ごした「最後の晩餐」の部屋も残されている。

イスラム教は、多くの点でユダヤ教とキリスト教の教義を受け継いでおり、さらにエルサレムは、教祖マホメットが昇天した地ということもあって、マホメット生誕の地メッカと並ぶ聖地となっている。現在、マホメット昇天の地とされる場所には「岩のドーム」が建てられ、イスラム教徒でにぎわっているが、この場所は、ユダヤ教徒の「嘆きの壁」と目と鼻の先である。

二十一世紀を迎えてもなお混迷を極めるパレスチナをめぐる紛争は、民族の対立、政治体制の対立に加え、聖地エルサレムの領有権争いが、解決をより困難で複雑なものにしているのである。エルサレムは悲劇の聖地である。

第二章

イエスとその弟子たち

第39問 イエスの周りに人が集まってきたのはなぜ?

答 イエスがおもしろくて甲斐性のある男だから。

自然と人が寄ってくるような人物がいる。それがどのような理由であれ、その人物にはそれだけの魅力があるものだ。そうした人物に共通しているのは、おそらくおもしろくて甲斐性《かいしょう》がある、ということではないだろうか。

おもしろいだけの人間ならよくいる。しかし、それだけでは人は集まらない。金持ちにも人は寄ってくるかもしれないが、本人に魅力がなければ、やはり財力だけでは人はいつまでもついてはこない。

イエスとは、ビートたけしのような人物だったと前にたとえたが、たけしには、たけし軍団と呼ばれる彼の信奉者たちがいる。彼らがたけしの周りに集まった理由は何だろうか? それは一つはたけし本人の魅力であり、もう一つは、たけしについていけば、食いっぱぐれはないだろうという、たけしの甲斐性であろう。

イエスという人間がおもしろかったかどうか、「福音書」などからはよく分からない。しかし、その発言を分析してみれば、ユダヤの律法(世間の常識)への反骨がある。いつの時代でも常識ばかりにとらわれる人間というものはつまらないものだ。反常識、超常識の人こそおもしろい。しかも、それが案外理にかなっていたりすれば、多くの人がそれにひきこまれてしまう。イエスという人は、そういう人だった。

イエスには甲斐性もあった。田舎の大工が、何だか知らないが新奇な教えを説き始めると、人々が集まってきた。その聴衆に対して、彼は病人を治してみたり、五千人分のパンと魚を用意してみせたりといった奇跡を演じてみせた。それが何らかのトリックを使ったものだったとしても、イエスにはそれだけの甲斐性があったことになる。

この人についていけば、自分たちも何とかなるかもしれない。ひと旗あげられるかもしれない。そう思って弟子となるものもいたことだろう。イエス自身も、「俺についてこい」という感じでそういう人たちに接している。弟子たちには、たいそう頼もしく思えたことだろう。

およそ、宗教を始めたり、中興の祖となったりするような人物は、ある意味で魅力的である。世間の常識からはまるでぶっ飛んでいたとしても、いや、ぶっ飛んでいればいるほど、おもしろいものだ。オウム真理教だとか、ライフスペースだとか、法の華などといった現代日本の新興宗教が何かと話題を提供しているが、その教祖や信者たちというのは、常識的に見れば相当ぶっ飛んでいる人たちである。彼らと普通の会話をできるなどと思ってはいけないので、拠って立つ世界観があまりにも違っている。一部の物好きには受け入れられたとしても、限界があるだろうし、そういうものが世界宗教にまで発展するなどということはまずあり得ないものだが、初期のイエス教団や原始キリスト教団と言われるものも、初めは世間からそうした存在と思われていたようだ。だが、キリスト教は世界宗教になってしまった。彼らの超常識が、なぜか世界の常識となったのである。

イエスは彼らに言われた、「わたしについてきなさい。あなたがたを人間をとる漁師にしてあげよう」（マタイによる福音書 4-19）

第40問 イエスにはどんな弟子たちがいた?

答 代表的なのが、十二使徒。

イエスは三十歳ぐらいのとき、おそらく当時の新興宗教であったヨハネ教団に入信したものと思われる。「福音書」ではそのあたりのことをぼかしているが、イエスがバプテスマのヨハネから洗礼を受けた、つまりは弟子になったという事実は否定できないだろう。

だが、イエスはヨハネのもとを去る。初めはヨハネに共鳴してその運動に加わったのだろうが、何か飽き足りないものがあったのだろう。ヨハネのもとを去ったイエスは、自分の考えを人々に述べ始める。そんなイエスのもとに集まった弟子たちの代表が十二使徒と呼ばれる連中だった。この中には、あるいはヨハネ教団を一緒に抜けてイエスに従った者もいたかもしれない。

「マタイによる福音書」によれば、イエスがガリラヤの海辺を歩いていたときに、通称ペテロと呼ばれるシモンとその兄弟アンデレの二人の漁師に出会い、「俺についてこい」と声をかける。すると、二人はただちに網を捨ててイエスに従ったという。何かおもしろそうだと思ったか、何も考えていなかったか、ともかく、このペテロがイエスの最初の弟子であり、筆頭弟子ということになっている。

次にゼベタイの子のヤコブとその兄弟のヨハネも同じようにイエスに従う。彼らもまた漁師であった。それから、イエスはあちこちで宣教活動を行い、病人を治したり、パリサイ派律法学者などと論争を繰り広げて次第に信者を増やしていった。

やがて弟子と信者の中の主だった者が十二使徒と呼ばれるようになるが、それは、ペテロ（シモン）、アンデレ、ヤコブ、ヨハネ、ピリポ、バルトロマイ、トマス、取税人マタイ、アルパヨの子ヤコブとタダイ、熱心党のシモンとイスカリオテのユダの十二人だった。

この中では最初の四人が漁師だが、他に職業が記されているのは、取税人のマタイだけである。取税人というのは、読んで字のごとく税を取り立てる人である。税務署の職員かって？　いや、ちょっと違う。公務員とは言いがたい。ローマ帝国の使い走りとして税金を徴収する人のことで、もちろんリベートをとるし、いろいろ理屈をつけて税金を多めに取り立て、私腹を肥やすということもあったようだ。なーんだ、やっぱり似たようなものじゃないかって？　うーん、まあ、強いて言えば、サラ金や商工ローンの取り立て屋のようなもので、当時のユダヤでは民衆から嫌われ、ある意味で差別されてもいた。またユダヤ教の立場からは、ローマの手先となって人々から税金を搾《しぼ》り取るということで律法違反の罪人とも見られていた。

だから、イエスの弟子にその取税人がいることでパリサイ派のユダヤ教徒はイエスを批判したりもしているが、イエスは、「お前ら律法学者より取税人のほうがよっぽどましだ」と言って反論している。

結論から言えば、イエスに従った人々というのは、低所得層、被差別階級、病人、女性などの社会的弱者が多く、十二使徒の多くもそういう出自の者だったと思われる。

パリサイ人や律法学者たちが、イエスの弟子たちに対してつぶやいて言った、「どうしてあなたがたは、取税人や罪人などと飲食を共にするのか」（ルカによる福音書５−30）

第41問

最後の晩餐《ばんさん》って何？

答 **イエスが演出した自分自身の送別会。**

レオナルド・ダ・ヴィンチの壁画で有名な「最後の晩餐」、それは、イエスが捕らえられて処刑される前の晩、イエスが十二使徒たちと行った最後の食事であった。

このときのメニューは、パンとぶどう酒だけ。パンが酒のつまみになるのかなぁとも思うが、まあ、彼らはあまり裕福ではなかったようだから、仕方がないだろう。

ここでイエスは、パンは私の身体で、ぶどう酒は私の血だと言い、自分の死を予言したことになっているが、これって本当だろうか？

さらには、イスカリオテのユダが自分を裏切ることや、弟子たちが全員「つまずく」こと、ペテロがイエスのことを三度知らないと言うことなど、明日起こることをことごとく予言したとされている。

これはおそらく後から生まれた説話と見るのが妥当だろう。結果から遡ればどんな予言でも的中する。ただ、イエスがエルサレムに入ってから激しくパリサイ派やサドカイ派と対立したことなどから、彼は自分の身が危険であること、そして、そうなったときにこの弟子たちが情けない行動を取るだろうことぐらいは察していたかもしれない。この時点では、十二使徒たちというのは、まったく一人前の信仰者とは言えなかったのである。

夕方になって、イエスは12弟子と一緒に食事の席につかれた。（マタイによる福音書26-20）

第42問 イエスはどうして裏切りを予知できたのか？

答 弟子たちとのレベルの差に悩んでいたから。

最後の晩餐でイエスは、「あなたがたのうちの一人が、わたしを裏切ろうとしている」と、衝撃の発言をする。これを聞いた弟子たちはさすがに動揺した。十二使徒たちというのは、みな学問のない、ある種ノーテンキな人たちだったが、「お前らの中に裏切り者がいる」と言われれば、心中おだやかではなかっただろう。「それは誰ですか？　まさか私じゃないでしょうね」とみな口々に言うが、イスカリオテ（裏切り者）のユダの番になったとき、イエスは「いや、あなただ」と、彼を名指しする。

これは「マタイによる福音書」の描写であるが、イエスほどの人間が裏切り者を指名するのに、これではちょっと芸がない。おまけに、名指しされたユダがそこで退席したという形跡もない（「ヨハネによる福音書」だけはユダが退席するシーンを記している）。これも結果から創作されたシーンだろう。

ただ、イエスとすれば、直弟子とはいえまだまだ半人前のこの十二人が、教団の危機に際して一致団結して乗り越えるなどということは無理だと思っていたに違いない。積極的にせよ消極的にせよ、こいつらなら俺を売ったり、無関係だと言って逃亡したりしかねないだろうな……ぐらいは見通していたのだろう。「福音書」でユダ一人が裏切り者とされたのは、典型的なスケープゴートだったということだ。

ユダは一きれの食物を受けると、すぐに出ていった。時は夜であった。（ヨハネによる福音書13-30）

第43問

ペテロはなぜイエスとの関係を否認したのか？

答 捕まるのが恐かったから。

最後の晩餐のとき、イエスはユダの裏切りを予言した後、「今夜、あなたがたは皆わたしにつまずくであろう」とも語っている。「わたしにつまずく」とは、イエスが捕らえられることで、弟子たちがみな信仰者として立派な行動をとれないだろうということである。このとき、筆頭弟子（と本人が自覚している）ペテロが、「たとい、みんなの者があなたにつまずいても、わたしは決してつまずきません」と、かっこよく啖呵《たんか》を切るが、イエスは、「今夜、鶏が鳴く前に、三度わたしを知らないと言うだろう」と決めつける。それでもペテロは、「たとえあなたと一緒に死なねばならなくなっても、あなたを知らないなどとは決して申しません」と言い返すが、事実は、その舌の根も乾かぬうちに、イエスの予言したとおりのことをしてしまう。

ペテロの本名はシモンである。ペテロというのはあだ名で、「石」という意味である。石のように強固な信仰心を持っているということで、イエスからも、あなたの墓の上に偉大な教会が立つだろうと言われたほどの人で、事実、今日のバチカンにあるサン・ピエトロ大聖堂は、彼の墓の上に建てられたと言われている。

そんな彼だが、翌日、イエスが群衆に捕らえられたときには、他の弟子たちと同様にどこかへ逃亡を図っている（「ヨハネによる福音書」では、剣を抜いて大祭司の僕《しもべ》の片耳を切り落とすという抵抗を見せているが、それでもその後逃亡している）。

もっとも、さすがに筆頭弟子だけのことはあるのか、ペテロだけはイエスのことが心配になって、イエスを連行していく人々に遠くからついていき、連行先の大祭司の屋敷に入って中庭から様子をうかがっていた。すると一人の女中が彼のところへ来て、「あなたも一緒だった」と言うと、ペテロは、「あんだ何言うだ。おらしゃねっちゃ」と、イエスと一緒だったことを否認する。別の女中がやってきて、「この人は、あのイエスという人と一緒にいた」と言うと、「そんな人しゃねっていってっぺ」とまた否定する。今度は近くにいてそれを聞いていた人たちに「確かにあんたは仲間だろう。その方言（ガリラヤ弁）で分かるぞ」と言われても、ペテロは、「おら、なんにもしゃねってばさ」とあくまで否認を続ける。その三度めの否認の瞬間、鶏がコケコッコーと鳴いた。ペテロは、最後の晩餐でのイエスの予言を思い出し、外に出て激しく泣いたのであった。

「福音書」では、この話はここで終わっているが、ペテロはイエスの予言を思い出して激しく後悔したにもかかわらず、どうもこのまま逃げてしまったようだ。また、ペテロを疑っていた人たちが、ペテロを追いかけて捕らえようとしたようにも書かれていない。「石」とあだ名され、その墓の上に世界的な教会が建てられたような人物なのに、これでは、イエスどころか、どんな拷問や誘惑にも決してキリスト教を捨てなかった、日本の隠れキリシタンの少年少女たちにも会わせる顔がなかろう。しかし、そんなペテロも、後には自分の死に際して立派なエピソードを残し、どうにか名誉を回復している。

そこに立っていた人々が近寄ってきて、ペテロに言った、「確かにあなたも彼らの仲間だ。言葉づかいであなたのことがわかる」（マタイによる福音書26-73）

第44問

イスカリオテのユダはどうしてイエスを裏切ったのか？

答 **路線の違いに絶望したから。**

最後の晩餐で裏切り者と名指しされたのは、イスカリオテのユダ。イスカリオテとは裏切り者という意味だが、他にもユダという名前の者が何人かいるので、わざわざこういう不名誉な冠をつけて呼ばれる。なにしろ、神の子であるイエスを裏切ったとされているのだから、史上最大の裏切り者である。歴史上に悪人、人非人のたぐいは多いが、彼ほど全世界から憎まれた人もいないのではないだろうか。

おまけに名前がユダである。この名前のせいで彼はユダヤ人の代表のようにされてしまった。神の子イエスを裏切って敵に売ったのもユダヤ人、ユダヤ総督のピラトが助けようと思ったのに、無理やりイエスを処刑させたのもユダヤ人、ユダヤ人こそイエスの死に最大の責任を負わねばならない呪われた民族である……。こういうテーゼがいつしか成り立ってしまったが、よく考えれば、イエスにしてもその弟子たちにしても全員がユダヤ人なのである。ユダヤ人全体が悪いように言われるのは、はなはだおかしいと言わざるを得ない。

日本でいえば、菅原道真《みちざね》を流罪にしたのは日本人だ、源義経《よしつね》を殺したのも日本人だ、日本人は呪われた民族だ、と言っているようなもので、それなら、ケネディを殺したアメリカ人（じゃないかもしれないが）だって相当呪われている。

イエスの死刑が妥当かどうかは分からないが、本人だって死を覚悟していたのだし、客観的に見れば、まあ殺されてもしょうがないかな、というくらいの既成事実はあったのだから、ユダヤ人全体を責めるというのは不当というしかないだろう。

それはともかくとして、「福音書」の伝えるように、本当にイスカリオテのユダがイエスを裏切ったとするならば、その理由は何だったのだろうか？　「福音書」では金のためにイエスを売ったというような話を記している。ユダヤ人が金銭に汚いという批判も、こうしたところに起因している面もあるのだが、これを真に受けるわけにはいかない。ユダはイエスたち一行の経理担当だったというが、それなら、お金には厳格だと信頼されていたはずである。

ユダは、前述のベタニアで娘がイエスに油を注いだという事件のときに、「そんな無駄遣いするくらいなら、貧しい人に分け与えるべきだ」と言って非難している。経理担当としても当然の発言だが、貧しい人々の味方というイエス教団の本質からいっても、ユダの意見は正当なものである。それをイエスは、油を注がれメシアと崇められたことでいい気になっている。ユダの目から見れば、多少人気が出たせいで、イエスは初心を忘れているのではないか、世俗的な野望に走ろうとしているのではないか、そんなふうに映ったのかもしれない。おそらくユダの裏切りとは、金銭が原因だったのではないだろう。金に目がくらんで裏切ったのだというのは、後のイエス教団の幹部らによって捏造《ねつぞう》された烙印《らくいん》だった。ある意味でもっとも教えに忠実であろうとしたのは、イスカリオテのユダその人だったかもしれない。

弟子のひとりで、イエスを裏切ろうとしていたイスカリオテのユダが言った、「なぜこの香油を300デナリに売って、貧しい人たちに、施さなかったのか」（ヨハネによる福音書12-4、5）

第45問 ユダは本当にイエスを売ったのか？

答 この話には矛盾が多すぎて、とても事実とは認められない。

前項では、ユダがイエスを裏切った理由は、愛想を尽かしたからだと述べたが、ここではユダがイエスを裏切ったということ自体、はたして事実だったのかどうか考えてみよう。

実はユダがイエスを裏切るという場面には矛盾が多すぎる。そもそもイエスという人間は、宣教活動でまわった各地で人気を博し、意気揚々とエルサレムに乗り込んできた。民衆も、この人こそメシアではないかという期待から歓呼して迎えた。それから、彼は神殿の商人たちを追い払ったり、町中でパリサイ派やサドカイ派と論争してやり込めたり、とにかく派手に活動を展開している。しかも、イエスはいつもその先頭に立っている。というより、彼だけが、派手なパフォーマンスを展開していたのだ。いくら新聞やテレビといったマスコミのない時代とはいえ、彼の顔と名前は、エルサレム中に知れ渡ったはずである。さらには、イエスとその一行は身の危険が迫ったからといって、こそこそと隠れて地下活動に入ったというのでもない。なにしろエルサレムに乗り込んでから捕らえられるまでは、ほんの数日のことである。

それなのに、「福音書」はこう記している。裏切り者のユダは、イエスのところへ祭司長や長老や大勢の群衆を連れてきて、自分が接吻する相手がイエスだから、そいつを捕らえろと言い、イエスに近づき、何食わぬ顔で、「先生、いかがですか」と言って接吻した。それを見ていた群衆が、「おう、あいつがイエスだ、それっ！」というわけでイエスを捕らえたということになっている。しかし、そんな合図が必要だったのだろうか。群衆がイエスを捕らえるつもりなら、何もそんなことは必要なかったはずだ。イエスの顔は知れ渡っていたし、しかも彼は逃げも隠れもしていないのである。「福音書」は、どうしても裏切り者を作りたかったのだろうと考えざるを得ない。

ユダの目から見ると、油を注がれていい気になっているイエスの態度は、変節と見えたかもしれない。経理担当としては、名誉欲にかられて無駄遣いをするのは、貧しい人々への裏切り行為と映ったかもしれない。それでユダはイエスを見限ってひっそりと去っていった。それを、後のキリスト教会の信者たちは、無理やりに裏切り者にでっち上げた、そういう構図が見えてくる。

あるいは、ユダはイエスに多少の疑問を持ち、苦言を呈したことはあっても、生前はついに見限ることはなかったのかもしれない。それが、イエスの死後、教会が形成されていく過程で、他の使徒らと路線対立が生まれ、その結果として裏切り者にされていったという可能性もある。「福音書」では、ユダはイエスの刑が確定すると自分の罪を後悔し、受け取った金を投げ捨てて首をつって死んだことになっている。他の使徒たちが、イエスを見捨てたことをあまり後悔していないのとは対照的である。ユダこそがもっとも人間らしい感覚を持っていたとは言えないだろうか。あるいは、ひょっとすると彼は自殺したのではなく、仲間に殺されたのかもしれない。なにしろ路線が対立すると仲間を「総括」したり抹殺したりしてしまうのは、キリスト教が元祖といってもいいくらいなのだから。

イエスを裏切る者は、あらかじめ彼らに合図をしておいた、「わたしの接吻する者が、その人だ。その人をつかまえて、まちがいなく引っぱって行け」（マルコによる福音書 14-44）

第46問

イエスの逮捕から処刑までの間、弟子たちはどうしていたのか?

答 どこかへ逃げていってしまって姿を現さなかった。

困った弟子たちである。しかし、ユダヤの民衆やローマの官憲に捕らわれて痛い目にあったり、ひょっとして死刑になってしまう可能性もあるのだから、逃げたくなる気持ちも分からないではない。だが、全員が全員イエスを見捨てて逃げてしまうというのは、あまりに情けなくはないだろうか。

イエスが捕らえられたとき、いちおう抵抗した者もいた。イエスのそばにいた一人(「ヨハネによる福音書」ではペテロ)が敵の耳を切り落とし、イエス本人に制止されるというようなこともあったが、結局イエス以外の人間はどこかへ雲隠れしてしまったのである。ペテロだけは、心配でこっそりイエスの連行先に潜入して様子をうかがったりしたが、イエスの一味だと疑われて否認し、逃げ出したりしているのだから、恥の上塗りである。せめて一人二人、死をも恐れずに敢然とイエスに従う者がいてもよさそうなものだと思うのだが……。

さらに、イエスが裁判で死刑が確定して、ゴルゴダの丘で十字架にかけられ、三時間の間苦しんで死んでいく間も、後に十二使徒と呼ばれるイエス側近の弟子たちは、だれ一人どこにも姿を現した形跡がない。「イエスを十字架につけろ」と言って騒ぐユダヤの群衆の中にもいない。そんなところへ来て「イエスを許せ」などと言ったらリンチに合うだろうから仕方がないかもしれないが、誰か助命運動ぐらいしろよ、と言いたい。それが無理ならせめて、イエスがゴルゴダの丘へ向かう途中の道ばたに顔を出して、「お痛わしや」と涙の一つも拭ってみせろと言いたいが、そこにも誰も現れない。臆病者でもあるが、おそろしく薄情者でもあったのだろう、十二使徒というのは。

イエスが磔《はりつけ》にされている現場を遠くからではあるが、見届けた信者は、女ばかりであった。その中にはイエスの愛人と噂されるマグダラのマリアやイエスの母親であるマリアもまじっていたという。

イエスの死体を引き取りたいと願い出たのも、十二使徒ではなく、アリマタヤの金持ちヨセフという人物であった。この人は総督ピラトに願い出て死体を引き取ると、それをきれいな亜麻布に包み、岩を削って造った墓に納め、墓の入口を大きな石でふさいで帰った。その様子を二人のマリアが見届けている。

その間、ユダヤの祭司長やパリサイ派の連中は注目すべき行動をとっている。それは、イエスが生前「三日後に自分はよみがえる」と発言していたので、彼の弟子たちが死体を盗み出して「イエスは死人の中からよみがえった」とデマを言いふらす可能性があるから、墓の番をするべきだとピラトに進言しているのである。「福音書」は、墓の番人がちゃんといたのに、イエスの死体がなくなったのは、本当に復活したからだと言いたかったのだろう。しかし、このことはかえって、イエスの死体が何者かによって盗まれ、そうして復活神話が創作されていったという経緯を、暗に物語ってはいないだろうか。

「３日目まで墓の番をするように、さしずをして下さい。そうしないと、弟子たちがきて彼を盗み出し、『イエスは死人の中から、よみがえった』と、民衆に言いふらすかも知れません」（マタイによる福音書 27-64）

第47問 「福音書」で、十二使徒たちが情けなく描かれているのはなぜ?

答 カリスマは一人でいいと考えたから。

四つの「福音書」は、それぞれ書き手も所属教会も書かれた年代も動機も異なっている。だから、イエスの生涯とその教えという共通のテーマを描きながら、随所に違いを見せている。しかし、最後の晩餐からイエスの逮捕、処刑に至る過程での十二使徒たちの情けなさは、若干のニュアンスの相違はあっても、共通している。

十二使徒というのはイエスの直弟子であり、イエスの死後、エルサレム教会を立ち上げたキリスト教草創の功労者である。イスカリオテのユダだけはおそらく教会創立に参画してはいなかっただろうが、他の十一人はイエスの教えを布教して後のキリスト教の礎《いしずえ》を築いた人たちである。それが、どうしてあんなにひどい描かれ方をしたのであろうか。イエスを見捨てた臆病者であり、その死にさえ立ち会わなかった薄情者、彼らがそんなふうにしか描かれていないのはいったいなぜなのだろうか?

一番考えられる答は、それが事実だったから、というものである。おそらく事実は事実だったのだろう。しかし、「福音書」を書いた者たちからみれば、彼らは大先輩であり、指導者である。もちろん、最初の「福音書」が書かれた時点で、彼らはすでに死んでいるから、どんなふうに書いても、彼らからクレームがつくということはなかった。

そもそも「福音書」というものが書かれたのは、彼ら十二使徒がいなくなって、直接イエスに接した世代から、第二世代へと移行していく時期に当たる。イエスの記憶を風化させないためという目的もあったから、偉大なるカリスマとしてのイエスを賛美し、その権威を高いものにする必要があった。イエスを高いものにするためには、その周辺にいた人間を低いものとするのがてっとり早い。教会創立の功労者で、自分たちの指導者でもあった使徒たちでさえ、イエスに比べればまことに矮小《わいしょう》な存在だったと強調したいがために、イエスの直弟子たちはあんなにも情けないものとして描かれたのだろう。

しかし、それだけが理由とも思えない。イエスを直接知らない世代にとっては、彼ら十二使徒の存在は貴重ではあったが、彼らの説教が若い世代を納得させるものであったかどうかはかなり疑問である。十二使徒たちは、前にも述べたように、学問のある人たちではなかった。イエスという強烈なカリスマに漠然とつき従い、その強烈な死に様に接して目覚め布教に立ち上がったのである。とはいえイエスほどのカリスマ性もなければ、魅力的な説教をできる人間でもなかった。

それが教会という組織ができあがり、使徒だとか長老だとかという座におさまって、偉そうに説教をたれたりしている。もともとは無学な田舎者で、しかも、イエスが処刑されるときに手をこまねいていたどころか、姑息《こそく》にも逃亡してしまった奴らではないか。いくら教会をつくった功労者だと言っても、人間的にはとても尊敬には値しない人間だ。「福音書」を書いた第二あるいは第三の世代には、そうした反感があったものと推察される。そして、現実の指導者たちが陳腐であればあるほど、遠いイエスという存在のカリスマ性はますます強いものとなっていったのだろう。

人々はペテロとヨハネとの大胆な話しぶりを見、また同時に、ふたりが無学な、ただの人たちであることを知って、不思議に思った。（使徒行伝4-13）

第48問 エルサレム教会が成立したのはいつごろか？

答 イエスの死後まもなく。

イエスが処刑されたのは紀元三〇年のこととされている。そして、エルサレムにイエスの教えを広めるための教会が成立するのは、処刑後間もなくのことであった。イエスの生前から若干の信者はいたようだが、その時点ではイエスや信者たちは一定の集会所というものを持たず、イエスの宣教は町中や信者の家で行われていた。

イエスの復活が本物かどうかはともかくとして、彼が蘇《よみがえ》ったという信仰は、イエスの側近だった者たちによって語られ、徐々に信者を獲得していった。例のペテロは、イエスの死後、まるで人が変わったように人々に教えを語り始めた。無学なはずの男が堂々と語る姿には、それなりの説得力があったのだろう。信者はまたたく間に増えていったと「使徒行伝」は記している。「使徒行伝」というのは、イエスの死後の使徒らの活躍と各地に教会が成立していく様子を描いたもので、その序盤の主役はペテロであった。この著者は、「ルカによる福音書」の著者と同じであると考えられるが、ルカという名前であったかどうかは定かではない。ちなみに、「使徒行伝」は序盤こそペテロを中心とした使徒たちの活動を描いているが、大半は後に使徒として加わるパウロの行動について割かれている。

さて、エルサレムには出身地も言語も異なるユダヤ人たちが各地から集まってきていた。ペテロは、それらの人に対して、まるでイエスが乗り移ったかのように自信に溢れた言動で接した。そこには、もはやイエスを見捨てて逃亡した臆病者の姿はない。

信者たちは、みな一緒にいて、一切の物を共有し、資産や持ち物を売って教団に寄付をするようになった。教団はそれらを必要に応じて信者たちに分配した。今日の新興宗教などにも同様な現象が見られるが、こういう描写を見ると、あのオウム真理教の集団生活を思い起こす人もいるかもしれない。

こうした原始共産制ともいうべき教団のあり方には、いくつかの問題があった。「使徒行伝」には、次のようなエピソードが記されている。

ある夫婦が資産を売却して教団に加わったが、その代金を過少申告して教団に納めた。しかし、ペテロはそれを知って激怒した。夫婦は別々に尋問されて偽りの証言をしたので、それぞれ神の怒りにふれて死んでしまった。他の信者はこのことをおおいに恐れ、財産をごまかすものがいなくなった。

これなど現代感覚からするとぞっとする話である。資産をごまかした夫婦は神の怒りにふれて死んだことになっているが、ひょっとして……という疑問も生まれる。あのオウム真理教などでも信者は全財産を捨てて教団に身を投じたという例が多い。

宗教の恐ろしいところは、人間をためらいもなく狂気に走らせる力があるという点である。最初期のエルサレム教団の集団生活において、狂気によるリンチや殺人がなかったという保証はない。後に幾多の迫害を受けたときに、キリスト教徒の中には喜んで残虐な処刑に身を委《ゆだ》ねた者たちも多かった。それは崇高な殉教精神ではあったろうが、虐待を甘んじて受け入れるマゾ的体質は、すでにこの時期から醸成《じょうせい》されていったものなのかもしれない。

ペテロは言った、「……見よ、あなたの夫を葬った人たちの足が、そこの門口にきている。あなたも運び出されるであろう」。すると女は、たちまち彼の足もとに倒れて、息が絶えた。（使徒行伝5-9、10）

第49問

エルサレム教会には内部対立があったか？

答 **深刻な対立があったと推測される。**

初期のエルサレム教団はすべてがユダヤ人で構成され、集団生活を営んでいたと考えられる。その中心的指導者は十二使徒筆頭のペテロだったと思われるが、しかし彼は絶対的カリスマではなかった。「使徒行伝」にもしばしば記述されているが、彼の指導力にはいろいろと問題があったようである。

信者の数が増え、さまざまな出身地のユダヤ人たちが共同生活を営むうちに、そこには一つの問題が発生してきた。ギリシア語を話すユダヤ人の間から、自分たちが日々の配給の際におろそかにされがちだという不満が出てきたのである。すると十二使徒たちは、自分たちがそういうわずらわしい問題にタッチするのは本意でない、自分たちは布教に専念したいというので、教会に世話係を置くことを提案し、ステパノなど何人かの人物をその任務につかせた。

「使徒行伝」はその経緯を淡々と記しているが、教団内には、早くも二つの派閥が生まれていたことを示唆している。その二つの派閥とは、伝統的ユダヤ人vsギリシア化したユダヤ人という構図であり、その後、この二つの派閥は原始キリスト教の二大潮流として宿命的な対立抗争を展開していくことになるのだった。

そのころ、弟子の数がふえてくるにつれて、ギリシャ語を使うユダヤ人たちから、ヘブル語を使うユダヤ人たちに対して、自分たちのやもめらが、日々の配給で、おろそかにされがちだと、苦情を申し立てた。（使徒行伝6-1）

第50問

ステパノはなぜ殉教したのか?

答　教団の保守派に見放されたから。

集団生活における配給の不平等などを解消するために世話役がおかれることになったが、その代表的な人物がステパノであった。彼が登用されたのは、おそらくギリシア系ユダヤ人だったからで、教団内に増えつつあったギリシア系ユダヤ人たちの不満を解消するための人事であったと考えられる。

ところがこのステパノは、一介の世話役とか調整役で終わるような人物ではなかった。彼は、布教に専念したいなどと語っていたあの十二使徒ら以上に、情熱に燃えて布教活動を行ったのである。十二使徒らの生温《なまぬる》い活動に飽き足りなかったのか、彼はイエスを彷彿《ほうふつ》とさせるような激しい言動で、ユダヤ人社会の中に教えを説いてまわった。当然のように、彼を待っていた運命はイエスと同じものだった。ユダヤ教の指導層やパリサイ派の怒りを買った彼は、町中で群衆に石を投げられるという凄惨なリンチの果てに落命した。彼の最期の言葉「主よ、どうぞ、この罪を彼らに負わせないで下さい」は、ある意味でイエスの最期以上に立派である。彼はユダヤ人を呪ったりはしなかったからだ。

さて、十二使徒たちはこのときどうしていたかというと、またしても「おら知らねえだ」というわけで、ステパノを見殺しにした。そして迫害が自分たちにも及ぶことを恐れて、さっさとエルサレムから逃亡してしまったのだった。

人々は大声で叫びながら、耳をおおい、ステパノを目がけて、いっせいに殺到し、彼を市外に引き出して石で打った。（使徒行伝7−57、58）

+α

ペテロの遺骨?

十二使徒の筆頭ペテロは、はじめシモンという名前であったが、イエスによって、「岩」という意味を持つペテロと命名された。パウロなどは先輩のペテロをケパと呼んでいるが、これはギリシア語で岩のことである。

さてその「岩」氏は、岩のように固い信仰心のゆえに、イエスから、お前の墓の上に立派な教会が建つだろうという予言をもらった。現在、カトリックの総本山であるバチカンの聖ピエトロ大聖堂がそれだといわれている。

一九三九年、ローマ教皇ピウス＝世の埋葬をきっかけとして、聖ピエトロ大聖堂の主祭壇の下の考古学調査が開始された。その結果、地下からおびただしい数の古代の墓が発見され、壁の落書きなどから、これがペテロの墓をおさめた建造物の一部であると推定されるに至った。聖書の伝承が裏づけられたわけである。

さらには、壁の中から一体の人骨が発見されたが、これは一世紀のもので、六十代後半の男性のものと鑑定された。一九六八年、時の教皇パウロ6世は、この遺骨はペテロの本物の遺骨であると発表した。

パウロは、イエスが捕まった時も、初期教会でステパノが殉教した時も、さっさと逃走していて、はなはだ後世の評判が悪い。六四年のローマの大火でキリスト教徒が迫害された時も、いったんはお得意の逃げに出たが、ローマに向かおうとするイエスの幻影に出会って思い直し、ローマに戻って逆さ磔の刑によって殉教したと伝えられている。死亡時の年齢は、六十代後半と推測されている。ペテロの遺骨に限らず、聖書にまつわる謎は数多く、信者達のロマンをくすぐっている。

第三章

天才パウロ登場

第51問

パウロはなぜ回心したのか?

答 **目からうろこが落ちるような劇的な何かがあったから。**

いよいよ天才パウロの登場である。もっとも彼を天才と呼ぶのは一部の人に限られるだろう。通常キリスト教、特にカトリックにおいては、彼は「聖パウロ」すなわち、聖人君子として扱われている。本書が強いて彼を天才と称するのは、世界宗教であるキリスト教を作ったのが、実質的にはパウロだったと考えるからである。

もっとも、キリスト教の実質的創始者がパウロだったという考え方は、本書のオリジナルではない。キリスト教研究家やユダヤ教徒をはじめ、カトリック、プロテスタントを問わずキリスト教徒の中にもそう考える者は少なからず存在する。それほどにパウロの存在は大きいのである。

さて、そのパウロは初めサウロという名前だった。彼はイエスとほぼ同年代の人で、キリキアのタルソに生まれたユダヤ人である。彼はローマの市民権を持っていたとされ、豊かなヘレニズム文化の教養を身につけていたという。一方で彼はパリサイ派に属し、エルサレムに上って律法学者ガブリエルのもとで学んだガチガチの律法主義者でもあった。サウロには、その生い立ちにおいてすでに、ヘレニズム(ギリシア文化)とヘブライズム(パレスチナ文化)が共存していたし、ある意味ではその葛藤が彼自身の中に初めから存在していたとも言えるだろう。

そのサウロが「使徒行伝」に最初に登場するのは、前項で述べたステパノの殉教の場面である。群衆がステパノを石で打ち殺したとき、サウロはその現場にいた。もちろん体制側にいたのである。彼がステパノに対して石を投げたのか、あるいは群衆を積極的に煽動していたのか、そのへんの記述はあいまいだが、少なくとも、「サウロは、ステパノを殺すことに賛成していた」。

さて、ステパノの死に続いてエルサレム教会は大弾圧を受けた。十二使徒は雲隠れし、信者たちもエルサレムから逃亡せざるを得なかった。そんな中でサウロは、「なおも主の弟子たちに対する脅迫、殺害の息をはずませながら」信者らの摘発・逮捕に一所懸命になっていた。そんなとき、ダマスコの近くで彼はイエスの声を聞くのである。

「サウロ、サウロ、なぜわたしを迫害するのか」と呼びかける声に、「主よ、あなたは、どなたですか」と尋ねると、「わたしは、あなたが迫害しているイエスである。さあ立って、町に入って行きなさい。そうすれば、そこであなたのなすべき事が告げられるであろう」という答が返ってきた。サウロの同行者もその声だけは聞いたという。その後サウロは三日間、目が見えず、飲み食いもできないでいたが、これまたイエスの声を聞いたというダマスコのアナニアという信者が、彼の上に手をのせると、サウロの目からうろこのようなものが落ちて、元通りになった。

まさに、目からうろこが落ちて、これを機にサウロは信者になる。これがいわゆる「パウロの回心」といわれる出来事である。これが事実なのかどうなのか、今となっては何とも言えない。本人がそう言っているのだから、信じるしかないだろう。弾圧する側から、いきなりされる側の信者になったのだから、よほど劇的なことがあったのは確かだろう。

サウロは家々に押し入って、男や女を引きずり出し、次々に獄に渡して、教会を荒らし回った。（使徒行伝 8-3）

第52問

信者たちがサウロを受け入れたのはなぜ？

答　知性と教養と熱意で精力的に布教活動を展開していったから。

目からうろこの落ちたサウロは、ダマスコにいる信者たちと数日を過ごしたのち、諸会堂でイエスのことを語り始め、イエスこそ神の子であると説いてまわった。しかし、ほんの数日前まで、ガチガチのパリサイ派として教会弾圧の急先鋒だった人間が、いきなり布教してまわったところで、素直に信じられるものではない。彼の話を聞いた信者たちは、いちように「なんだあいつは、この前までおれたちを苦しめていた奴じゃないか」「あんなこと言っているが、ここに来たのもおれたちを捕まえてエルサレムに引っ張っていくためじゃないのか？」といった反発を示したが、それも当然だろう。

ところが、そんな声にはおかまいなく、サウロはとり憑かれたように、大マジで布教活動を展開していく。ユダヤ人たちに向かって、イエスこそ神の子だと言って論争する。そうなると、今度はユダヤ教徒たちが黙ってはいない。「裏切り者め」というわけで、サウロを殺す相談を始める。サウロはなぜかそのことを察知し、信者らの協力を得て、エルサレムに逃げる。ここでもサウロは、初め信者たちからなかなか仲間だとは認めてもらえなかったが、エルサレム教会からシリアのアンテオケに派遣されていた指導的人物であるバルナバという男が彼の世話をし、みんなに彼の回心の経緯などを説明したので、ようやく仲間と認知されるようになった。

これ以後は、サウロはユダヤ教徒につけ狙われることになり、あちこちを転々としながら布教活動を続けていった。そうして彼はついに使徒として認められ（というか、強引に認めさせ）、主にギリシア語圏で活躍していくことになる。

それにしても、弾圧者だった男が、短期間の間に教会の指導者の一人として認められるようになったというのは、彼がいかに熱心に活動したかを物語っている。それも単に熱心というだけではなかった。

そもそも十二使徒をはじめ、初期の教団を支えた信者というのは、地位も教養もない階層の人たちであった。そんな人たちの中に、ローマの市民権を持ち、律法についても深く学んでいた教養人が加わったのである。他の信者に比べて、理論的にもきちんとしていただろうし、弁舌もさわやかだったのだろう。ユダヤ教徒たちと論争しても彼らを言い負かすだけの知性と教養を持っていた。そんな彼が、使徒として教会の指導的立場に立つまでに時間はかからなかった。

彼自身も、動機はともあれ、イエスを信じる者たちの仲間に入って、彼らの教養の低さを痛感したことだろう。自分が頑張らなければという使命感を持ったに違いない。と、同時に、この教えを発展させるためには、自分が牛耳って教会をリードしていかなくてはならないと考えたはずだ。サウロが精力的に活動を開始したのには、この使命感とある種の野心とがあったからに違いない。

そんなサウロの知性と教養、精力的な活動に対して、信者たちはいままでにいないタイプのリーダーとして頼もしく感じたことだろう。何といっても彼は、あのボンクラの十二使徒たちなどとは、ひと味もふた味も違う指導者だったのだから。

キリスト・イエスの僕、神の福音のために選び別たれ、召されて使徒となったパウロから……（ローマ人への手紙1-1）

第53問

パウロは十二使徒たちのことをどう思っていた？

答 うざったい無能上司だと思っていた。

イエスの死後、まがりなりにも教団を維持発展させてきたのは、十二使徒と呼ばれるイエスの直弟子たちであった。しかし彼らは知性と教養に乏しく、さらにはイエスの逮捕・処刑に際して情けない行動をとった臆病者でもあった。それでも信者たちが彼らの言うことを聞いたのは、なんといってもイエスと生前行動を共にしてきた人たちだからだった。イエスの思想や行動を知るためには、彼らの証言が不可欠である。彼らもまた、イエスについて語ることが自分たちの地位と権威を保証するものであることを十分に知っていた。

十二使徒たちはこうして教会内で重きを置かれる存在となったわけだが、彼らはこの教団をどう発展させていくかとか、ユダヤ教他派とどう住み分けをしていくかとか、そうしたビジョンは持ち合わせていなかった。ユダヤ教と平和的に共存していくのか、あるいは一線を画して一宗一派を構えるのか、そうした明確な考えは、初期のエルサレム教会の指導者たちには何もなかったのである。唯一、十二使徒とは別に教会の指導者となったステパノだけは、イエスの思想を理解してユダヤ教指導層と明確に対立したが、彼の殉教によって教会は存亡の危機を迎えたのである。

パウロ（サウロ）が登場したのは、まさにそんなときであった。賢明な彼は、イエスを信じる教団に身を投じた時点で、信者がどのような人たちで成り立っているのか、その指導者たちがどのような人たちで、いかなる理念を持って教団を運営しようとしているのか、大体のことを把握したことだろう。特に、イエスの直弟子たる十二使徒のこれまでの行動を聞いて、「こら、あかんわ」と思ったに違いない。こんな、知性も教養も度胸もないような連中が、イエスと行動を共にしていたというだけで権威や権力を持っているようでは、教団の先行きは暗い、彼はそのことを痛切に感じたはずだ。

こうした彼の思いは、「ガラテヤ人の手紙」の中によく見出すことができる。その手紙の冒頭で、彼はみずからを「人々からでもなく、人によってでもなく、イエス・キリストと彼を死人の中からよみがえらせた父なる神とによって立てられた使徒パウロ」と表現している。自分の使徒という立場は、別に十二使徒らの教会指導部から与えられたものではないのだ、と言っているわけだ。この手紙の中では、「また先輩の使徒たちに会うためにエルサレムにも上らず」に伝道の旅に立ったことや、ヤコブ、ペテロといった当時の教会指導者、「重立った人たち」について、「彼らがどんな人であったにしても、それは、わたしには全く問題ではない」といった彼の気持ちが表明されている。ここには、パウロの先輩使徒、教会上層部に対する軽視ないしは敵視の気分が感じられる。パウロの考えと十二使徒ら教団指導者たちとの間には、いろいろと見解の相違があった。というよりは、パウロだけが明確な見解というものを持っていたという方が正しいだろう。

そのパウロの意図をよく理解もできず、無知なくせに権威だけは一丁前で、時々つまらないケチをつけてくる、うざったいだけの無能上司、それがパウロにとっての十二使徒の存在だった。

わたしは激しく神の教会を迫害し、……ユダヤ教に精進し、先祖たちの言伝えに対して、だれよりもはるかに熱心であった。（ガラテヤ人への手紙1-13、14）

第54問 パウロが回心した本当の理由は何？

答 ユダヤ教よりも性に合っていたから。

第51問では、パウロの回心の動機は、目からうろこが落ちるような劇的な何かがあったからだと述べた。直接のきっかけとしてはそういうことだったのだろうが、そこに至る過程には、実はパウロ自身の内面的、信仰的動機があったと考えられる。

それはつまり、彼自身がユダヤ教に限界を感じていたということだ。彼はユダヤ教の中でも律法厳守で知られるパリサイ派の人間である。律法とは、本来はユダヤの民が神との契約を証明するために神から与えられたものであり、それはユダヤ人にとって一種の勲章のようなものであった。だから、律法を守るということは、神から選ばれたという証であり、権利であった。だが、その権利は次第に義務であると思われるようになっていった。律法を守ることが救済にあずかるための条件であると認識されるようになったのである。パリサイ派には特にそういう傾向が強かった。

パウロはそのパリサイ派であった。そして、自らも述べているように、律法を守ることにおいては非の打ちどころのない者だった。しかしながら、そんなパウロにしても、律法をすべて完璧に遵守《じゅんしゅ》していくというのは不可能であることを痛切に感じていたのである。人間には律法を完全に守り通すことは不可能だ。しかし、その律法を完全に守っていかなければ、救われない。パウロほどの律法遵守者にして、なおそのジレンマに悩まざるを得なかったのである。人間が肉体と精神を持っている以上、そこには必ず欲望がある。食欲、睡眠欲、性欲、出世欲、支配欲、嫉妬……、あらゆる人間的欲望は、律法遵守のさまたげとなる。もし律法を完璧に守り通さなければならないとしたら、それは人間であることをやめなければならないだろう。

仏教の小乗教では、「灰身滅已《けしんめっち》」といって、煩悩《ぼんのう》から解放されるためには、自分の身体を焼き尽くして灰にしてしまうしかない、という考え方がある。パリサイ派の律法主義も突き詰めれば、それと同じことになってしまう。

パウロはそのジレンマに悩んでいた。自分は律法遵守において非の打ちどころのない者であるはずだ。しかし、そんな自分でさえ、なお律法を完璧に守り通すことは不可能だ。律法など知らなければそんなことに悩むこともなかったし、自分が罪人だという自覚を持つこともなかったかもしれない。律法が救済の条件である限り、救われる人間など一人もいないのではないか？　そんな内面の悩みに苦しんでいたときに、彼の前に現れたのが、イエスという男の存在（幻覚？　思想？）だったのである。

律法ではない何かがないと、現実的には救われない。パウロは、その可能性をイエスをキリストと信じる新しい教えの中に見出し、その布教に身を投じていった。イエスの思想では、律法が救済の条件とはされていないのは明白である。そんなものを後生大事に守っていてもダメだというのだ。律法を後生大事に守り、なおかつその困難なことに嫌気のさしていたパウロにとって、この考え方は大きな救いであった。つまりは性に合っていたのだろう。

律法を行うことによっては、すべての人間は神の前に義とせられない。
（ローマ人への手紙 3-20）

第55問

最初のキリスト教徒はだれ?

答 パウロ、バルナバらアンテオケ教会の信者たち。

キリスト教という宗教が、いつ、どこで、誰によって、どのように始められたのかということは、実ははっきりと断定することは困難である。通常は、イエス・キリストが始めた宗教だと考えられているが、彼自身は「キリスト教」などという言葉は一言も語っていないし、新しい宗教を立ち上げようとしていたかどうかさえ、はっきりしない。従来のユダヤ教、特に当時主流だったパリサイ派の考え方を激しく非難し、人が救われるのは律法によってではなく、神への信仰によってである、というのがイエスの主たる主張である。確かに新しい考え方を提示したものではあるが、それがユダヤ教という枠を越えたものであるのか否かは何ともいえない。

イエスの直弟子たちにも、新しい宗教を始めたという意識は希薄だったようである。彼らは十二使徒と呼ばれる者たちを中心にしてエルサレムに教会を作り、イエスをメシア（救世主、ギリシア語でキリスト）と信じる教えを布教していったが、布教の対象はユダヤ人に限られていたし、思想的にもユダヤ教の枠を越えていたとは考えられない。

「使徒行伝」によれば、パウロとその同志ともいうべきバルナバが主として活動したシリアのアンテオケにおいて、信者たちが初めて「クリスチャン（キリスト教徒）」と呼ばれるようになったという。

誰がそう呼んだのか、自分たちでそう呼ぶようになったのか、あるいは、部外者が彼らのことをそう呼ぶようになったのか、いずれにしても、歴史上で初めてキリスト教徒が誕生した瞬間であった。

イエスをキリストと信じる考え方は、もちろんイエスの直弟子たちにもあったたし、アンテオケ教会以外の信者にも当然あった。だが、パウロらの指導によって発展したアンテオケ教会においてキリスト教という呼称が生まれたというのはまぎれもない事実であり、このことが、パウロとそれまでの教会指導者たちとの決定的な違いを象徴している。

十二使徒とその影響下にある信者たちにとっては、ユダヤ教は絶対のパラダイム（世界観）である。イエスの教えといえどもその範囲内にあることであった。イエスとは、『旧約聖書』でその出現が予言されているメシアなのであって、ユダヤ教と違う宗教を始めるためにこの世に生まれた人というわけではけっしてない、それが、彼らの常識だった。

その常識がいまや覆《くつがえ》ろうとし始めたのである。パウロらにとっては、イエスという存在は、『旧約聖書』で予言されたメシアという以上の意味を持ち始めていた。しかも、これまでの教会がユダヤ人に対して、ユダヤ教的パラダイムの中で布教をしていたのに対して、アンテオケでは、異邦人（ユダヤ人以外の外人）にも積極的に布教し、信者の数を増していた。

これまでは、イエスの思想は、ユダヤ教的パラダイムの中の人間にしか理解できないと考えられてきた。だから、イエスの直弟子たちも、その教えをユダヤ人（分散のユダヤ人も含む）のみに伝道してきたのだったが、パウロらは、イエスの教えはユダヤ教的パラダイムを越えて伝えることができると確信していたのだった。

さて、異邦人たちも神の言を受けいれたということが、使徒たちやユダヤにいる兄弟たちに聞えてきた。（使徒行伝 11-1）

第56問

ペテロとパウロの関係は?

答 パウロはときにペテロを利用し、ときに激しく非難した。

パウロは新参者であり、また、教会の首脳から正式に使徒として任命されたわけではない。そのことはパウロ自身の手紙にも明記してある。では、パウロはどうして使徒と呼ばれるようになったのかといえば、それは、〝パウロの勝手〟だったのである。

パウロは自分は主に召されて使徒となったと言っている。つまりは、使徒だと自称していただけのことである。だから最初は「なに勝手なこと言ってんだ、あいつ」という目で見られたのは当然である。しかし、パウロは図々しくも、自分は主から任命された使徒なのだから、俺の言うことを聞けといわんばかりに精力的に活動していった。その様子に、次第に人々も彼を指導者だと認めるようになり、パウロの立場も確立されていったのだった。

この新参者のパウロに対して先輩であるところの十二使徒たちはどのように接したのかというと、あまりよく分かっていない。パウロ自身この人たちとはあまり接触していなかったようでもある。おそらく先輩たちとしては、やり手の新参者に対してあまりいい感情は持たなかっただろうが、さりとて、パウロと論争して勝てるだけの知性も教養も思想性も持ち合わせていなかった。せいぜい、パウロがあまりにも従来のユダヤ教的慣習から逸脱《いつだつ》していると感じたときに、ちょこっと先輩面して注意するぐらいだっただろう。だが、そんな遠慮がちの指摘でさえ、パウロから猛反撃を食らったりするから、パウロのやることなすことには、あまり文句も言えなくなっていったようである。

では、イエスの一番弟子で十二使徒の筆頭ともいうべきペテロはどうだったのだろうか？　後世のキリスト教徒にとっては、聖ペテロは聖パウロと並び称される存在である。ある意味ではパウロ以上に尊敬を集めているといっても過言ではない。そんなペテロとパウロとの関係はどうだったのだろう？

基本的には、パウロにかかれば、十二使徒筆頭のペテロも子供扱いである。先輩であり、教会の第一人者であるペテロも、パウロにはまるで歯が立っていない。

それでも、パウロからしてみれば、ペテロは教会の首脳だし、人々からの信頼も厚い。なんといってもイエスの一番弟子だったのだから、あまり粗末にはできない。パウロもそれなりに気を遣って接していたと思われる。後述するエルサレム使徒会議において、保守派とパウロらとの間には大論争が起こったが、ペテロの演説によって事態はパウロらに有利な方向に進んだ。事前にパウロは、巧みにペテロを洗脳していたのだろう。

だが、後にパウロはペテロ（ケパ）を公衆の面前で激しく罵倒している。はじめは異邦人信者たちと食事を共にしていたペテロが、保守派の入れ知恵によって食事を共にしなくなると、パウロは、舌鋒鋭く迫った。「あんたはユダヤ人といっても、俺と違って律法なんかちっとも守ってなかっただろう。そんなあんたが、異邦人にユダヤ人の慣習をおしつけるたあ、ちゃんちゃらおかしいぜ！」。パウロにこんなことを言われては、ペテロも真っ青になって、すっかりしょげてしまったことだろう。

ケパがアンテオケにきたとき、彼に非難すべきことがあったので、わたしは面とむかって彼をなじった。（ガラテヤ人への手紙２–11）

第57問 保守派の人たちが異邦人信者に割礼を要求したのはなぜ？

答 パウロの勝手は許さないぞ、という保守派の逆襲。

パウロとバルナバを中心とするアンテオケ教会では、ユダヤ人以外の者にも積極的な布教を展開し、信者たちはクリスチャンと呼ばれるようになっていた。そんなアンテオケ教会に、ユダヤから「ある人たち」が下ってきて、信者たちに「あなたがたも、モーセの慣例にしたがって割礼《かつれい》を受けなければ、救われない」と説いた。そこで、パウロやバルナバと、彼らとの間に「少なからぬ紛糾《ふんきゅう》と争論とが生じた」。

割礼というのは、男子の陰茎《いんけい》の包皮を切ること（包茎《ほうけい》手術のようなものと考えればよい）で、古来イスラエルや近隣諸国、エジプトなどで行われていた風習らしい。まあ、不要なものは子供のうちに切り取っておいた方がいいという合理的な理由からなされたことなのかもしれないが、ユダヤ人にとってこの割礼は、今日に至るまできわめて重要な儀式となっている。というのは、『旧約聖書』の「創世記」に、神とアブラハムとの契約において、割礼の規定が明確に記されているからである。それによれば、神との契約の一つとして男子は生まれて八日目に割礼を受けなければならないとされている。割礼を受けない男子は神との契約を破る者として滅亡する、とまで書かれている。

ユダヤ人は特にバビロン捕囚によって国を失った後は、ユダヤ人の民族的、宗教的アイデンティティを示すものとして割礼を絶対化するようになっていった。割礼は神との契約の証であり、守るべき重要な律法であり、ユダヤ教徒であることの証明でもあった。

そんな割礼を、パウロたちはどうも軽視しているらしいという風評がエルサレムにも聞こえてきたのだろう。ユダヤ教出身者（というか、当時の信者たちはまだユダヤ教徒といってもいい存在なのだが）、とりわけ律法厳守を第一とするパリサイ派出身の者たちにとっては、割礼を無視するなど言語道断の所業といってよい。

ユダヤ教が、ユダヤ人以外になかなか受け入れられない大きな理由の一つに、割礼の問題があった。身体の大事な部分、それもちょっと人に見せられない部分に印をつけるという行為は、そうした風習を持たない民族にとってはかなり抵抗を感じるものに違いない（恥ずかしいうえに痛い！）。それをしなければユダヤ教徒になれないというのなら、そんな無理してなる必要はないと、多くの異教徒（ユダヤ教徒でないもの）が感じたとしても当然だっただろう。

パウロらは、布教にとって割礼の規定が大きな障害となることを常々感じていた。だから、ユダヤ人以外の者にもイエス・キリストの教えを伝えようとしたとき、あえて割礼云々については触れなかっただろう。割礼をしなくてもいいということになれば、異邦人にとっても受け入れやすくなるからである。

だが、布教しやすくするために、大事な律法の一つをないがしろにするというのは、どうにも許せないと感じる人たちがいた。いや、いて当然である。彼らを敢えて保守派と呼ぶが、異邦人信者に割礼を要求するというのは、宗教的にはきわめて筋の通った要求なのだから。

男子はみな割礼をうけなければならない。これはわたしとあなたがた及び後の子孫との間のわたしの契約であって、あなたがたの守るべきものである。（創世記 17-10）

第58問

割礼をしないとユダヤ教徒にはなれないの？

答 **必ずしもそうではないが、割礼抜きでは完全なユダヤ教徒とはいえない。**

ひと口にユダヤ教といっても、聖書や律法の解釈においていろいろな見解や立場がある。原始キリスト教団が成立しつつあった当時、ユダヤ社会でもっとも勢力のあったのはパリサイ派で、繰り返し述べてきたように、律法を字義通り厳密に解釈し、その厳守こそが救いの条件であると考える立場の人たちである。しかし、それ以外の立場がなかったわけではない。律法などに対して比較的柔軟に対処するという考え方もなくはなかった。

社会学者のマックス・ウェーバーによれば、ユダヤ人、特に分散（ディアスポラ）のユダヤ人の布教によって、異教徒がユダヤ教に改宗する際には、三つの段階があったと言う。

第一は、「ゲール・ハットーシャブ」で、「朋友」「半改宗者」などと訳され、一神教的神信仰とモーセの「十戒」のみを受け入れるというものである。会友とでもいうべき段階であろうか。第二は、「ゲール・ハッシャーアル」で「門の改宗者」と訳され、割礼を除くユダヤ教の諸儀礼を受け入れるというものだ。いわば準会員とでもいうべき段階といえよう。そして第三が、「ゲール・ハツァデク」または「ゲール・ハッベリース」で、「義認された改宗者」と訳される。これは割礼をも受け入れるというもので、第三世代の子孫からは完全なユダヤ人となるものだとされる。

ウェーバーによれば、ユダヤ教の伝統においてこのような規定があった以上、割礼の有無は、異邦人のユダヤ教への改宗にとって大した問題とはならなかったはずだということだが、それはちょっと違うのではないだろうか。というのは、割礼をせずに「会友」や「準会員」にはなれても、完全なユダヤ教徒にはなれないからである。完全な改宗には、割礼が必須の条件だったのだ。しかも、もともとのユダヤ人でない者にとっては、割礼は大きな障害だった。「神も信じましょう。いろいろな戒律も守りましょう。でも、その、なんですか、割礼ってのだけは勘弁して下さいよ」、そういう異邦人がいっぱいいたのである。パウロらにとっては、こういう人を本当の信者、本当の仲間として加えたいという願望が強くあった。それを、「まあ、準会員ということで……」などとお茶を濁されたのでは納得がいかない。

それは、アンテオケ教会にやって来て、異邦人信者たちに割礼を要求した「ある人たち」にとっても同じことである。「割礼を受け入れなければ、お前たちはいつまで経っても本当の信者とはいえないのだぞ」と説いたのは、正論だったのだ。この問題をうやむやにしてしまっては、宗教としての根幹にかかわる由々しき問題となる。そういう意味では、保守派の人たちの理解はまったく正しいし、パウロらがそれをないがしろにしようとしているということで、クレームをつけたのも当然のことだったのだ。

パウロやバルナバはこれに猛然と反発した。それは、ウェーバーの言うように、これまでのユダヤ教でも改宗にはいろんな段階があったのだから、「会友」だろうと「準会員」だろうといいじゃないか、というようなことではけっしてなかったのである。

ペテロが割礼の者への福音をゆだねられているように、わたしには無割礼の者への福音がゆだねられている。（ガラテヤ人への手紙 2-7）

第59問 割礼の要求にパウロが猛反発したのはなぜ？

答 脱ユダヤ教を目指していたから。

そうなのである。パウロはこのとき自分たちの教えは、従来のユダヤ教とは違うものであり、その違いをそろそろ明確にしていかなければならないと考えていたのである。

パウロは、ペテロら十二使徒たちが主にユダヤ人のみに布教しているのに対して、自分の役割は異邦人への布教にあると役割分担をしていた。異邦人に対してイエスをキリストと信じる教えを伝えていくことにはいろいろな困難がつきまとっていた。

まず、神は唯一絶対神であること、イエスは民を救済するために現れたメシア＝キリストであることを理解させなければならない。これは、ユダヤ教的パラダイムの前提なしにはなかなか説得できないことである。だから、イエスの教えを説くためには、ユダヤ教の諸々の教義も合わせて説いていかなくてはならない。そうした苦心の末にどうにか納得して信じようとする異邦人に対して、さらに割礼までしろと言って、「それだけはイヤ」と言われてしまっては、これまでの苦心が元も子もなくなってしまう。いや、割礼だけではない。パリサイ派のようにがんじがらめの律法主義では、たいていの異邦人は反発を感じるだろう。「神は信じてもええけど、なんでそないに面倒なことまでせにゃならんのや」となる。ユダヤ教がユダヤ人以外になかなか受け入れられないのはそういうことに原因があるし、そのことを現場のパウロは痛いほど感じていたのだ。

そんなところへ、誰が頼んだわけでもないのに、エルサレムあたりからやって来て、「お前ら割礼しろ」などと言われたのでは、ぶち壊しである。「事件は会議室で起きてるんじゃない。現場で起こってるんだ！」とパウロが言ったかどうかは分からないが、現場の苦労も知らずに勝手なことを言いやがって、と彼が怒ったのも無理はない。

その怒りのすさまじさは、パウロの書簡（「ガラテヤ人への手紙」）に見ることができる。パウロはそこで、保守派の面々を「にせ兄弟」と呼び、「彼らが忍び込んできたのは、キリスト・イエスにあって持っているわたしたちの自由をねらって、わたしたちを奴隷にするためであった」とまで批判している。

パウロにとっては、今までの苦労をぶち壊しにしかねない異邦人信者への割礼要求に対して、より深く、思想的に反論する必要もあった。従来のユダヤ教の考え方からすれば、保守派の要求は筋が通っているのである。したがって、彼らの要求が理不尽なものだと論証するためには、従来のユダヤ教的な考え方に立っていたのではだめである。そこには新しい発想、新しいパラダイムが必要となってくる。パウロはそのために頭を悩ませた。「そんな面倒なこと言いっこなしにしやしょうぜ」などという、現実的な妥協では保守派の正論はうち破れない。「正義は我にあり」ということを証明してみせなければならない。

かくしてパウロは保守派との闘争のために、みずからの思想を練り上げ、そしてついに、独自の神学体系を構築するに至るのであった。

人の義とされるのは律法の行いによるのではなく、ただキリスト・イエスを信じる信仰による。（ガラテヤ人への手紙 2-16）

第60問

エルサレム使徒会議って何？

答　保守派とパウロ派との大論争でパウロ派が勝利した会議。

アンテオケ教会での保守派とパウロたちとの論争はかなり激しいものだったようである。ただ、どういうやりとりが行われたのか詳しいことは何も分からないので、後の経過から推測するしかないだろう。

パウロ「あんたら、いったい、誰に頼まれてこんなことを言いにきたんだ？」

保守派「誰だっていいだろう。われわれの仲間になるんだったら、割礼を受けるのは当然じゃないか」

パウロ「なぜだ？　割礼が救いの条件だとでもいうのか？」

保守派「当たり前だろう、そんなこと」

パウロ「そんな律法主義でどうする。主イエスは、そういうパリサイ派的律法主義を徹底的に糾《きゅう》弾《だん》したではないか」

保守派「いや、イエスは律法を否定したのではない。パリサイ派のような表面的な律法遵守《じゅんしゅ》を批判したのだ。彼ら以上に律法を完璧に守らなければ、イエスの弟子とはいえないはずだ」

パウロ「ふん、それは見解の相違だな。律法によっては人は永久に救済されない」

保守派「ならば、エルサレムに上って、ペテロをはじめとする十二使徒や教会の首脳たちの裁断を仰ごうではないか」

パウロ「望むところだ」

とまあ、こんなようなやりとりがあって、パウロはバルナバを伴ってエルサレムへと上っていく。ここでも、パリサイ派出身の信者たちが、「異邦人信徒にも割礼をさせるべきだ」という主張を展開する。そこで、パウロはペテロと、イエスの弟でこの当時（四九年頃）教会の指導者となっていたヤコブに会い、自分たちの主張について説明した。ペテロとヤコブとは教会の主だったメンバーを集めて会議を開いた。ここでもパウロたちと保守派の間で激しい論争が繰り広げられる。

結局、この紛争を調停したのが、ペテロとヤコブであった。二人のこの問題に関するニュアンスは次項で述べるように若干異なるのだが、結論としては、この会議ではパウロ派の主張が大筋で認められた。すなわち、「偶像に供《そな》えたものと、血と、絞め殺したものと、不品行」を避けるようにという倫理規定を守るならば、割礼の必要はないということが、アンテオケの信者たちに伝えられることになったのである。

ペテロ、ヤコブなど教会首脳は、保守派の言い分については、「こちらから行ったある者たちが、わたしたちからの指示もないのに、いろいろなことを言って、あなたがたを騒がせ、あなたがたの心を乱したと伝え聞いた」というコメントをアンテオケの信者たちに発している。保守派の見解は教会の見解ではなく、彼らは勝手にいろいろ難クセをつけたとんでもない奴らだというわけである。さすがはイエスさえ見捨てた薄情者だ。保守派を切ることなど何でもないことだったのである。

パリサイ派から信仰にはいってきた人たちが立って、「異邦人にも割礼を施し、またモーセの律法を守らせるべきである」と主張した。（使徒行伝 15−5）

第61問 ペテロやヤコブは割礼問題をどう考えていたか？

答 大した問題じゃないのにムキになるなよ……と思っていた。

エルサレム使徒会議でパウロ派が勝利したのは、ペテロとヤコブというエルサレム教会の二大首脳の支持があったからである。パウロはこの二人に自己の主張を熱っぽく訴え、その理解を得ることに成功していたのである。

ただ、ペテロとヤコブとは微妙に立場が異なっていたようである。「使徒行伝」から推察する限り、ペテロは心情的にもパウロ派に近いものがあり、一方のヤコブは保守派に近い立場ながらも、パウロらの主張に一定の理解を示した、という感じに受け取れる。

保守派とパウロ派との激しい論争を静めたのはペテロであった。彼の演説の要旨は、「神はユダヤ人も異邦人も区別はしない。律法を守り切るのはわれわれユダヤ人でさえ困難だというのに、それを異邦人に要求して神を試みるというのはよろしくない。われわれは主イエスのめぐみによって救われるのであって、それはユダヤ人も異邦人も変わりはないのだ」というものだった。

これは、ほとんどパウロの主張そのものである。パウロがペテロを完全に洗脳してしまったためなのか、あるいは、「使徒行伝」の作者（ルカ）が、人々から尊敬されていたペテロの口を通じて自分たち（パウロ派）の主張を宣伝したのか、たぶん、その両方であろうが、このペテロの演説は一同を沈黙させてしまったという。

ペテロの演説で勢いづいて、この後、バルナバとパウロとが自分たちの主張や手柄話を述べ、最後に議長格のヤコブが、前項で述べたような裁定を下したのであった。

ペテロもヤコブもパウロ派の主張を認めて、彼らの望むような裁定を下したのであったが、この二人が、この問題を宗教の本質に関わる重大な問題だと認識していたとはどうも思えない。それこそ、前に述べたマックス・ウェーバーの、「割礼問題は大した問題ではなかった」という見解は、この二人にはそのまま当てはまっていたと言ってよいだろう。

ヤコブは会議の席上、「わたしの意見では、異邦人の中から神に帰依している人たちに、わずらいをかけてはいけない」と発言しているが、これが彼の立場を象徴している。せっかく信仰しようとい
ってる外国人に、割礼しろとか何だとか余計なことを言わないほうがええんでないかい、という程度の認識なのである。

保守派が主張するように、パウロの言い分を認めたら、それはユダヤ教じゃなくて新しい宗教になるではないか、という危機感があるわけでもなく、パウロのように、今までのユダヤ教ではだめだ、イエスの教えをもとに新しい宗教に脱皮するのだ、というビジョンがあるわけでもない。

ペテロとヤコブの二人は、パウロからすごい剣幕で保守派の理不尽なこととか、異邦人が神を信じて頑張っているとかの話を聞かされ、ペテロは感心してパウロの操り人形となり、ヤコブは教会指導者としての面子などもあって、「ああ、そうか、分かった分かった。そんなにムキになるなよ……」ぐらいの感じで、パウロの言い分を認めてやったということなのだろう。

かの「重だった人たち」からは……彼らがどんな人であったにしても、それはわたしには全く問題ではない。（ガラテヤ人への手紙 2-6）

第62問 エルサレム使徒会議は歴史上どういう意味を持つのか？

答 原理的な意味でキリスト教が成立した。

紀元四九年頃のことと推定される「エルサレム使徒会議」は、異邦人信者に割礼を要求することの是非をめぐって、パリサイ派から信仰に入った保守派の人々とパウロ、バルナバらとの激しい争論の末、ヤコブの裁定によってパウロ派の勝利となった。

このような会議が本当に行われたのかどうかについて疑問視する見解もある。これは、「使徒行伝」の創作ではないかというのである。「使徒行伝」は、第三の福音書である「ルカによる福音書」と同じ作者、すなわちパウロの伝道旅行に随伴した医者のルカによって書かれたものとされているが、これにも多くの疑問点が指摘されている。

ただ、「使徒行伝」がパウロ主義の影響を強く受けている、というよりは、パウロ主義の宣伝のために書かれたものであるということは明らかであるから、割礼の問題をめぐってわざわざ会議が開かれ、しかも、ペテロ、ヤコブという当時の教会首脳が公式にパウロの主張を認めたという「使徒行伝」の記述は、確かに疑ってかかる必要があるかもしれない。

しかし、実際に会議が開かれたかどうかはともかくとして、保守派とパウロらとの間にこうした問題をめぐって激しい対立があったのは事実だろう。それを当時の教会首脳が調停に乗り出したというのも当然の成り行きだったと考えられるから、多少の誇張などあるにせよ、「使徒行伝」の伝えるような出来事は、歴史的事実だといえるだろう。

さて、そうした前提の上でこの「エルサレム使徒会議」の歴史的意義を述べるならば、これこそ、キリスト教という新しい宗教がユダヤ教から分離・独立した瞬間であったと位置づけても過言ではないだろう。この会議以前に、アンテオケ教会において信者たちはクリスチャンと呼ばれるようになっていたことは前に述べたが、それはこれまでのユダヤ教とは違う新しい宗教の誕生を意味していた。しかし、それはアンテオケという一地方での出来事に過ぎず、彼らが所属している宗派全体としては、まだまだユダヤ教の枠を越えるものではなかった。

異邦人にも割礼を要求するべきかどうか、割礼をしない者たちも正式な信者として受け入れるかどうか、そのことが実に、ユダヤ教という民族宗教の枠を脱して、世界宗教として衣替えする契機となったのである。だからこそ、ユダヤ教という枠内にとどまるべきだと考える保守派と世界宗教として、ユダヤ人以外にも広く教えを伝えようとするパウロらとの間に激しい葛藤《かっとう》が起こったのである。

ペテロやヤコブにはそうした事の重大さが分かっていなかったようであるが、結果として、教会は世界宗教への道を歩もうとするパウロらの主張を認めたのであるから、原理的には、イエスの教えを信じる者たちの教団は、このときから、ユダヤ教とは異なる新しい宗教、すなわちキリスト教となったのである。

とはいっても、多くの信者たちがそのことを自覚するようになるまでには、なおしばらくの時間が必要であった。

神のこの救の言葉は、異邦人に送られたのだ。（使徒行伝 28-28）

第63問

キリスト教はなぜユダヤ教と簡単に〝離婚〟できなかったのか？

答 **キリスト教の教義の多くがユダヤ教的世界観の上に成り立っているから。**

キリスト教とユダヤ教との関係というのは、けっこう複雑なものがある。ユダヤ教の側には、イエスという人物はユダヤ教の預言者の一人と位置づけていて、キリスト教を作ったのはパウロだという見解がある。この見解は、歴史的には正しい認識といえる。

イエスは一貫してユダヤ教徒であったし、その言動は当時のユダヤ教一般に対する多くの批判に満ちてはいたが、それでもユダヤ教の世界観から逸脱《いつだつ》するものではなかった。信仰のあり方を批判することによって人々に強い警鐘を鳴らしたという点では、ユダヤ教の多くの預言者と共通していたのである。

イエスをキリストと信じる者の集団がキリスト教へと発展していったのは確かだが、イエスをキリストだと信じること自体は、まだユダヤ教の世界観の範囲内の話である。なぜなら、それはユダヤ教の聖典である『旧約聖書』に予言されている出来事だからである。だから、多くの信者たちは、ペテロやヤコブなど教会の指導者たちも含めて、自分たちはユダヤ教徒だと思っていたし、その範囲内での新しい一派を作りつつあるというくらいの自覚しかなかったはずだ。

そもそもキリスト教が、成立の前後はおろか、その後もなかなかユダヤ教と絶縁できなかった大きな理由は、第一に、双方とも同じ神を唯一絶対の神として崇めているということが挙げられる。信仰の対象はどちらもヤーヴェの神なのである。そしてその神がアブラハムやモーセなどユダヤ人の先祖と契約し、ユダヤの民を選んだこと、その証として十戒やさまざまな律法を授けたこと、そうしたユダヤ教の世界観を、キリスト教もまた前提として出発しているのである。律法主義に批判的だったイエスも、そのことまで否定はしなかった。

では、キリスト教とユダヤ教との決定的違いは何かというと、結局イエスという存在をどう考えるかという一点に集約される。

イエスを預言者の一人と考える限りは、彼をどんなに崇拝しようとも、それはユダヤ教とは矛盾しない。だが、イエスが神の子であるとか、神と同等であるとなれば、これはユダヤ教の範囲を越えてしまうことになる。アブラハムにしてもモーセにしても、いかに彼らが偉大な先祖であったとしても、所詮は人間であり、永久に神とはならない存在である。ただ神は彼らの信仰を義と認め、神の言葉を託したに過ぎない。アブラハムやモーセは神の言葉の伝達者ではあっても、神の領域に迫る存在ではなかった。

だが、イエスは違う。いや、初めはイエスの直弟子たちでさえ、彼を偉大な預言者ぐらいにしか思っていなかっただろう。それが、パウロの登場によって事態は大きく転換する。神は神として厳然と存在するが、イエスの登場によって、これまでの神とユダヤの民との契約は無効となり、イエスを通しての新しい神との契約が成立した。それが、パウロの理論であった。ユダヤ人がパウロこそキリスト教の創始者であり、裏切り者であると考えるのは、そうした理由によるのである。

御子は、肉によればダビデの子孫から生れ、聖なる霊によれば、死人からの復活により、御力をもって神の御子と定められた。（ローマ人への手紙1−3、4）

第64問

パウロはどうして何度も伝道旅行をしたのか？

答 「オレ流の教会」を作るため。

パウロが回心してイエス教団に加わったのは、三二年頃のことだった。その後、エルサレムに行ってペテロらと会っているようだが、バルナバに招かれてシリアのアンテオケ教会に行ったのが四三年頃のこととされ、その間の十年余りの活動については全く不明である。

アンテオケ教会に加わってからのパウロの精力的な活動はよく知られている。彼は主に地中海世界の東部一帯で盛んな布教活動を展開し、その指導のもとに各地に教会が誕生していった。こうした布教活動は「パウロの伝道旅行」と呼ばれ、通常三回にわたって行われたといわれている。

第一回の伝道旅行は、四八年から四九年にかけて行われた。このときには、パウロはバルナバと二人でアンテオケを発ち、セルキアから舟で、バルナバの出身地であるクプロ（キプロス島）に渡り、サラミスで宣教を開始した。

「使徒行伝」では、「サウロ、またの名はパウロ」という記述で、この時点から彼の名をサウロからパウロに変えている。ヘブライ語式の「サウロ」から、ギリシア語式の「パウロ」に改名したのは、彼自身の意志によるものという解釈もあるが、パウロはギリシア語圏で生まれ育ったユダヤ人であるから、もともと二つの呼び名があったと思われる。「使徒行伝」が、敢えてこのときからサウロではなくパウロと記述するようになったのは、彼の活動の主舞台が、ユダヤ人社会ではなく、異邦人社会、すなわちギリシア＝ローマ世界にあることを強調するためであり、その出発点が、この第一回伝道旅行だと位置づけていることを意味する。

「使徒行伝」によれば、キプロス島で、ヨハネ・マルコという人物が助手として加わったが、小アジアのパンフリア州で彼は二人と袂《たもと》を分かち、エルサレムに行ってしまったという。残ったパウロとバルナバは、ローマ的色彩の強いピシデア州の諸都市で、布教活動や癒《いや》しなどを行ってアンテオケに戻った。

ヨハネ・マルコはなぜ二人に加わり、そしてなぜ袂を分かってエルサレムに行ったのだろうか？彼はおそらく、エルサレム教会の意向を受けて、パウロとバルナバの布教活動に問題がないかどうかを監視するお目付け役ではなかったろうか。

バルナバはそもそもエルサレム教会で指導的立場にあった人物と目されている。いわば、エルサレム本社から派遣されたアンテオケ支社長である。ところが、この支社長は、何かと物議をかもすことの多いパウロというやり手をスカウトしてきた。この二人は、息が合うというのか、目論見《もくろみ》が一致していたというのか、本社から見れば独断でいろいろやろうとしているように見えたのだろう。そこで本社は、肩書は軽輩だが、よく本社の意向をわきまえているヨハネ・マルコなる男を二人に同行させ、監視させようとしたのだと思われる。

たぶん、この助手はエルサレム本社の意向やら権限を楯に、布教する都市や布教の方法などについていろいろと口をはさんだに違いない。この後に、アンテオケ教会に保守派の連中がやって来て、割礼の問題が起こったことを考えると、ヨハネ・マルコはエルサレムに戻って、「あいつら、割礼はしなくていいとか、律法なんか守る必要ないとか、とんでもないことを言ってまわってますぜ」みたいな報告をしたのだろう。

割礼問題をめぐる「エルサレム使徒会議」については、すでに述べたとおりパウロの激しい剣幕《けんまく》と理論武装、それにペテロとヤコブの両首脳の現実的対応などによって、いちおうパウロ派が勝利したようだったが、これで一件が落着したというわけではなかった。実は火種は残されていたのである。

この一件の後、パウロとバルナバとは再び伝道旅行に発とうとした。ところが、バルナバは、例のヨハネ・マルコを同行させるという。パウロは本社の手先を連れて歩くなどもってのほかだと反発する。パウロとバルナバの関係について考えるならば、「使徒行伝」では、「パウロ、バルナバ」という順序で記載していて、パウロの方が立場が上のようにみえるが、実際にはバルナバの方が組織上は上だったはずである。バルナバが支社長なら、パウロはせいぜい営業部長か顧問といったところだ。

その支社長のバルナバが、「いや、本社とは話がついたんだから、ヨハネ・マルコを同行させても問題はないだろう」と考えたのに対して、パウロの方は、「いや、本社はとりあえず我々のやり方を認めたようなことを言ってるが、それは本心じゃない。何かアラを見つけて非難するチャンスをうかがってるのさ」と考えていたのだろう。

二人の仲を引き裂く事件がもう一つあった。それは、使徒会議での決定の後、ペテロがアンテオケ教会にやって来たときに起こった。ペテロは初めはユダヤ人と異邦人を区別することなく同じ食卓についていたが、エルサレムのヤコブから使いが来てからは、態度を豹変《ひょうへん》させて、異邦人とは食卓を共にしなくなったのである。先に述べたパウロが人々の前で面と向かってペテロを罵《ののし》ったというのはこのときの話である。

なぜこんなことになったかといえば、ユダヤ教の律法に異邦人とは食卓を共にしない、という規定があり、ヤコブの使いはその遵守《じゅんしゅ》をペテロらに迫ったと思われる。このときの本社の代表取締役はヤコブである。ペテロは使徒の筆頭で、前社長だったが、今は相談役に退いている。ヤコブとしては、「相談役のあんたが、本社の意向をちゃんと守ってくれなきゃ、しめしがつきませんよ」とペテロに言いたかったのだろう。

ところが、このときパウロと二人三脚で進んできたはずのバルナバまでが、異邦人との共卓（共同食事）を拒否するという態度に出た。パウロはさぞかし怒りと落胆に襲われたことだろう。「バルナバよ、お前もか」という心境だったはずだ。

こんなことから、以後パウロとバルナバは結局別々に伝道旅行に行くことになった。おそらくは、本社の意向に従ったバルナバの出張は社費で、勝手に旅立つパウロは自費ということになったはずだ。「会社としては、君の出張は認められんね」というわけである。

しかし、それでもパウロはめげなかった。それどころか、いよいよ使命感に燃えて精力的に伝道していった。「いいもんね。オレはオレ流の教会を作っちゃるけんね」というわけで、五〇年頃から、二～三回にわたって、マケドニア、ピリピ、テサロニケ、エペソ、コリント、イコニオムといった、エーゲ海や地中海東部の地域に伝道し、「オレ流の教会」を成立させていった。しかし、そのパウロも最後は、ローマで殉教することになる。

わたしは、ほかの人に対しては使徒でないとしても、あなたがたには使徒である。（コリント人への第一の手紙 9-2）

第65問

パウロはなぜ殉教するはめになったのか?

答 ユダヤ人との争いをローマ側に危険視されたためと思われる。

本書では、再三にわたって、キリスト教を実質的に作ったのはパウロだと述べてきた。しかしながら、パウロは生前、一部のキリスト教徒には強い影響力を持っていたものの、教会の代表者となったことはない。それどころか、エルサレム主流派からは冷遇され、各地の教会でも、肩書のなさからか、彼の考えに疑問を持つ者も多かった。彼の存在が見直され、権威のある者として蘇るのは、七〇年に終結したユダヤ戦争の後、キリスト教がユダヤ教と本格的に分離するようになってからのことである。

そのパウロは、精力的な伝道にもかかわらず、いや、精力的な伝道ゆえにと言うべきか、各地でさまざまな迫害にあった。迫害の主体は当然のことながらユダヤ教徒たちである。なにしろ、パウロは、ユダヤ教徒から見れば裏切り者である。元はガチガチのパリサイ派であったし、より熱狂的なユダヤ民族主義者集団の熱心党（ゼロテ派）だった可能性を指摘する研究者もいる。

ペテロとかヤコブといったエルサレム教会の指導者たちには、既成のユダヤ教ともある程度共存していこうという姿勢があった。それは律法を遵守するという、ユダヤ教にとっての生命線を彼らも捨てていないからである。イエスをキリストと崇めるという風変わりな教えではあるが、それはまだユダヤ教の許容範囲内の教えである。

だが、パウロは違っていた。律法を学び、実践してきたはずの人間なのに、律法を無視というか、ときには積極的に否定してまわっている。それも、異邦人の布教に際して律法をあまり強要しないという程度ならまだしも、ユダヤ人に対してまでも、「律法なんか守ってもムダだ」とほざいているというではないか。これは断じて許すわけにはいかない。

分散ユダヤ人は各地のシナゴーグ（会堂）によく集まった。そこでは比較的自由な討論なども行われ、開放的な雰囲気だったという。パウロはシナゴーグを利用してユダヤ人たちにも布教を行ったが、彼の述べるところは、伝統的ユダヤ教徒にとっては、あまりに過激な意見と感じられたことだろう。どこへ行ってもガンガン自説をまくしたてるパウロは、ユダヤ人たちの間でも悪名高いものとなっていったはずだ。命を狙うものが現れてもしかたがないだろう。

エルサレム教会の成立間もない頃、ステパノがユダヤ人たちの袋だだきにあって殉教するという事件があった。その場に迫害者として立ち会っていたパウロが、今やどこに行ってもステパノと同じ危険を抱えることになった。

一方で、当時ユダヤ人の間には民族主義が台頭し、反ローマの気運が盛り上がりつつあった。実際、六〇年代にはユダヤ人による大規模な反乱（ユダヤ戦争）が勃発している。そうした兆候は支配者であるローマ帝国の側にも十分伝わっていて、ユダヤ人は危険視されていた。

パウロはもちろんユダヤ人である。しかも、同胞と何かとトラブルの絶えない人物である。ローマ帝国にとっては、ユダヤ人同士の神学論争などはどうでもいいことだが、それが騒動の種となっては困るのである。まかり間違って反乱にでもつながることを当局者は常に警戒していた。

事実、四九年にはローマのクラウディウス帝によって、ローマ市からのユダヤ人追放命令が出されている。パウロはこのせいで、なかなかローマ入りすることができなかったともいう。この命令は後に解除されるが、ユダヤ人がローマから危険視されていたのは確かである。

パウロの残した書簡（「コリント人への第二の手紙」）には、「ローマ人にむちで打たれたことが三度、石で打たれたことが一度」とあって、彼がローマからも迫害を受けていた事実が分かる。もっともこの場面は、「使徒行伝」では、ユダヤ人が石で打ったことになっている。イエスの裁判の場面でも述べたが、『新約聖書』は何かにつけてユダヤ人を悪役に仕立て、ローマ人の責任を過少申告する傾向がある。

そんな状況にあったパウロは、五六年頃、律法無視という罪名でユダヤ人に捕らえられて、抹殺されそうになった。しかし、彼がローマ市民権を持っていたためかどうか、ともかくローマ軍に保護され、カイサリアで二年間の獄中生活を送ることになる。彼が投獄されたのは、やはり騒動の元となる危険人物と思われたからであろう。パウロ自身は「ローマへの反乱など企てていない」と弁明しているが、ローマ当局としてはそんなことを信じて釈放するわけにはいかなかっただろう。パウロは結局裁判にかけられるためにローマに護送されることになる。

「使徒行伝」は、パウロがローマに着いてから、二年間自由に布教活動ができたと書いて終わっている。その後彼がいったいどうなってしまったのか、皆目分からない。「使徒行伝」が書かれたのはパウロの死後二、三十年経ってからのことなのに、どうして記事はここで終わっているのか不思議でしょうがない。尻切れトンボなのである。

一つ考えられるのは〝ルカ文書〟（「ルカによる福音書」と「使徒行伝」を合わせてそう呼ぶ場合もある）には、特にローマに対する配慮が感じられるから、そこから推察すると、結局パウロはローマによって処刑されたと見るべきだろう。「使徒行伝」は、そのことに敢えて触れず、パウロはローマでは優遇されたかのような書き方で終わらせている。本当のことを書けば、ローマを弁護するのが苦しかったのだろう。

パウロがローマで殉教したということは、一世紀末頃のローマ教会の指導者だったクレメンスの「クレメンスの第一の手紙」に記されている。それによれば、パウロは「七度獄中にあり、追放され、石打たれ」て、結局「忍耐の最大の模範として」殉教したのだという。どうも「使徒行伝」の終わり方とはだいぶ趣《おもむき》が異なる。さらに百年ほど経ってから成立したエウゼビオスの『教会史』によれば、パウロはペテロとともにローマで処刑されたという。また、伝承によればパウロは剣によって斬り殺されローマからオスティアに到る道の傍《かたわら》に埋葬された。現在パウロ教会が建っているのがその場所だという。

パウロがローマによって処刑されたことは確実らしいが、それが、いつ、どんな理由によるものかは分からない。有名なローマの大火による皇帝ネロの迫害が起こったのは六四年のことだが、ペテロとパウロの殉教がそのときのものかどうか断定はできない。いずれにしても、ユダヤ人が危険視されていた当時のローマにあって、パウロは当局者から見て要注意人物であったことは確かであろう。

パウロは、……はばからず、また妨げられることもなく、神の国を宣べ伝え、主イエス・キリストのことを教えつづけた。（使徒行伝28-30、31）

第66問

ヤコブとペテロはその後どうなった?

答　二人ともパウロと同じ頃、殉教したらしい。

パウロが教会主流派から疎外されて一人で伝道活動を行い、結局ローマで殉教した頃、教会の中心人物だったヤコブとペテロも相次いで殉教したと思われる。ヤコブが殉教した経緯についてはよく分かっていないが、ユダヤ民族意識の高揚する中で、おそらくユダヤ教徒からの迫害に遇って命を落としたものと考えられている。

ヤコブは、教団内部の人間からはもちろん、ユダヤ教徒たちからも一定の尊敬を集めていたようだ。彼はイエスの血縁者（たぶん弟）であったから教団内で尊敬されたのは当然かもしれないが、イエスと違ってユダヤ教徒たちとの摩擦を起こさないように留意し、信者たちにも律法の遵守《じゅんしゅ》こそが大切だと説いていたようだから、ユダヤ教徒からも好意的に見られていたのだろう。

しかし、ヤコブの不幸は、ユダヤ総督の失政とその批判勢力に対する厳しい弾圧によって、ユダヤ人たちの反ローマ感情が一気に高まり、六六年に大規模な反乱に至るという歴史的な流れに巻き込まれてしまったことである。

ヤコブという人物は、エルサレム使徒会議での対応などを見ても、冷静で温厚な、バランス感覚に優れた人だったようだ。現実主義者ともいえる。そんなヤコブから見れば、ローマ帝国に逆らうことは得策とは思えなかっただろう。ヤコブがいつの時点で死んだのかははっきりしないが、六六年から七〇年まで続いた反乱（第一次ユダヤ戦争）では、エルサレム教会はユダヤ勢力には組みしなかった。しかし、戦争終結の後、その日和見《ひよりみ》的態度が生き残ったユダヤ教徒の反感を買い、エルサレム教会は衰退から消滅への道を歩むことになる。ヤコブは、おそらくユダヤ戦争前後の騒然たる雰囲気の中で命を落としたのであろう。ヤコブの後、イエスの従兄弟のシメオンが教会の指導者となるが、ヤコブほどの役割は果たせなかったらしい。

ペテロは、パウロと同じ頃ローマで殉教したといわれる。エルサレム教会の創設者であり、初代の教皇とも目されていた人物だったが、その指導力にはいろいろと問題があったらしい。「福音書」などで彼を初めとする十二使徒たちがぼろくそに描かれているのは、ペテロの教会運営のあり方に対する不満の表れとする見解もあるくらいで、結局彼はその地位をヤコブに譲り、自分は使徒として主にユダヤ人相手に伝道活動を続けたものと思われる。そんなペテロがローマで活動中、キリスト教徒に対する迫害が起こった。それが、皇帝ネロによるものだったのかどうかはいろいろ説が分かれているが、いずれにしても、彼はいったんはお得意の逃げに出る。だが、ローマを後にしようとする彼にイエス（の幻影）が現れて、「お前はまた、逃げるのか」と言われてしまう。ここでペテロは、イエスを三度知らないと言った情けない体験を思い出し、もう逃げまいと決意してローマに立ち戻る。これが、「クオ・バディス（どこ行くの？）伝説」と呼ばれるものである。ペテロはローマで処刑される際、イエスと同じでは恐れ多いと言って、みずから十字架に逆さ磔《はりつけ》にされることを望んで死んでいったという。この立派な最期がなかったら、彼は「聖ペテロ」などとは呼ばれなかったかもしれない。

兄弟たちは、小羊の血と彼らのあかしの言葉とによって、彼にうち勝ち、死に至るまでもそのいのちを惜しまなかった。（ヨハネの黙示録 12-11）

第67問

パウロはなぜ律法否定論を唱えたのか？

答　律法では人間は救われないと考えたから。

パウロの思想の特徴の一つに、律法の否定ということがあげられる。と言っても、彼が初めから律法否定論者だったというわけでも、いつ誰に対しても律法を否定し続けたというわけでもない。彼の思想は、さまざまな現実に直面しながら徐々に形成されていったもので、律法に対する考え方も屈折していて、単純な否定論とはいえない。

ただ、彼は経験上、律法の完全な遵守など人間にはとても無理なことを知っていたし、もしそれが救われるための条件だとするならば、この世に救われる人間など一人もいないと考えたのである。律法は救いの条件とはならない、と考えた点で、彼はパリサイ派ユダヤ教徒と激しく対立し、また、キリスト教団の保守派ともいろいろな軋轢《あつれき》を生むことになった。しかし、自分は必ずしも律法を否定しているわけではないという弁明もしばしばしている。パウロによれば、律法とは、自分の罪を自覚するためにあるものだから、それはそれでいちおう必要なものだが、それは救済の条件とはならないということである。では、人は何によって救われるのか。それは信仰によってだと彼は言う。アブラハムにしてもモーセにしても、律法を守ったから、神によって「義」とされたのではなく、彼らの信仰が神から認められたから、「義」とされたのだというのが、パウロの主張だったのである。

律法によっては、罪の自覚が生じるのみである。（ローマ人への手紙 3-20）

第68問

パウロが〝十字架〟を〝発明〟したのはなぜ？

答　信仰の象徴が必要だと考えたから。

えっ？　十字架ってパウロが発明したの？　いえ、もちろんそんなことはありません。十字架というのはパウロが生まれる前からあった処刑道具だが、ここで〝十字架〟と書いたのは、もちろん、キリスト教で人々が祈りを捧げる十字架のことである。しかし、これにしてもパウロが発明したわけではもちろんない。しかし、十字架をキリスト教の信仰の象徴にするという発想は、パウロのものであった。彼によれば、イエスは人間のあらゆる罪を贖《あがな》うために、自らは罪もないのに十字架にかかって死んだのだという。そのことによって、人類の原罪は許されることになったのだから、人々はそのことを信じ、それを象徴する十字架に祈りを捧げればよいのだという。

この考え方もかなり屈折していて実は非常に分かりにくい。律法を大事に守り、それが救済への道だと信じてきた者にとっては、「おいおい、なんでそんなことで人間が救われるんだよ」とツッコミを入れたくなるはずだ。いや、ユダヤ教徒だけではない。そんな簡単でいいのかなぁと多くの人は首をかしげることだろう。パウロ主義の教会が初めはなかなか認知されなかった理由の一つとして、倫理の欠如による無秩序があげられる。何をしたって最後は十字架があるもんね、と免罪符《めんざいふ》みたいなものを持ってしまっては、人間は堕落してしまうだろう。

十字架によって、二つのものを一つのからだとして神と和解させ、敵意を十字架にかけて滅ぼしてしまったのである。（エペソ人への手紙2-16）

第69問 なぜ十字架信仰が広まったのか？

答 いろんな意味で都合のよい考え方だから。

パウロの言うように十字架への祈りが救いの条件だとすると、人間は堕落してしまうと述べた。実態は分からないが、ローマ世界の諸都市で成立したパウロ主義の教会は、エルサレム教会やユダヤ教徒たちから、その無秩序ぶりをしばしば批判されていたようだ。パウロは律法をないがしろにする者として、ときには命さえ狙われたほどだが、律法を遵守している者からすれば、ふざけるなと言われても仕方がなかっただろう。

しかし、パウロの論理は簡単ではない。パウロとて、十字架が救いの象徴だとは言っても、後はどうでもよいなどとは思わなかっただろうし、そんな説明の仕方をしたわけでもない。ちょっとこじつけがましいが、律法もそれなりに大事だみたいなことも述べている。ただ、キリスト教はこれまでのユダヤ教とは明らかに違うのだということを強調したい彼にしてみれば、律法主義に代わる強力な信仰理念を必要としていたのだ。実際、律法を完全に守るなどということは不可能なのだし、不可能なことを前提にした救済などには何の意味もない。人間はどうにかして救われなければならないのだから、新しい条件が必要である。

そこで、イエスが人類の原罪を背負って死んだということを信じ、十字架に祈りを捧げることによって人類は救われるという論理が登場することになる。なんとも安易だと感じる者も多いだろうが、実際にはこれに似た思想が仏教にも存在する。阿弥陀如来《あみだにょらい》の救いを信じてひたすら念仏を唱えていけば極楽に往生できる、という浄土教などがそうである。この考え方を突き詰めれば、それ以外はどんなことをしてもいいわけで、実際戦国時代に起こった一向一揆《いっこういっき》などには、自分が死ぬことも他人を殺すことも何とも思わないといった風潮さえ見られた。もちろん、キリスト教や浄土教を信じているからといっても、何をしても構わないなどと考える者はほとんどいないだろうし、社会生活を営んでいる以上はそんなことは到底実行できることでもない。パウロにしても、罪の自覚を生じさせるものとして、律法の存在価値をある程度認めている。したがって、パウロが十字架に救済の条件を見出したというのは、宗教としてはそれほど突飛な発想ではないのかもしれない。また、パウロ自身も、十字架さえあれば何でもあり、といった誤解が生じないよう留意しながら伝道していたはずでもある。

しかし、なんといっても簡単なことはいいことである。やれ、安息日には火を使った料理を作ってはいけないだとか、生まれて八日目に割礼を受けろだとか、いろいろと面倒な戒律で縛られるのではたまらない。仏教でも戒律にうるさい小乗教よりも、ある程度おおらかで現実的な大乗教のほうが、中国や日本では広く受け入れられた。

ユダヤ教とキリスト教とを比べて、どちらが多くの人にとって受け入れやすいものかを考えれば一目瞭然である。だからと言ってキリスト教の方が優れているかどうかというのは別問題だが、少なくとも普及する力は段違いである。宗教を広めようと思うならば、教義はシンプルな方がいいということであろう。

律法の下にではなく、恵みの下にあるからといって、わたしたちは罪を犯すべきであろうか。断じてそうではない。（ローマ人への手紙6-15）

第70問

パウロ派が結局キリスト教の主流となったのはなぜ？

答　ユダヤ戦争後の現実に柔軟に対応できるものだったから。

パウロの思想はシンプルだから受け入れやすかったと述べたが、パウロの論理自体はいろいろと屈折していて複雑な面もある。結果として形に表れたものがシンプルだったということだが、それが広まってついにはキリスト教の主流になっていったのは、それだけが理由ではない。

パウロにはまず、ユダヤ教の世界観をあまり壊さないで、イエス信仰を浸透させなければならないという現実問題があった。

たとえば、神はユダヤ人を選んで契約したという、いわゆる「選民思想」は、パウロにおいてはどのようにクリアされているのか。パウロは「肉のユダヤ人」「心のユダヤ人」という奇妙な概念を持ち出している。「肉のユダヤ人」とは、いわゆるユダヤ人のことであるが、「心のユダヤ人」とは、正しい信仰を持った者のことで、それはローマ人でもギリシア人でも何人でもいい。神が選んだのは、「心のユダヤ人」なのだから、外見がユダヤ人か否かは関係ないというのだ。

それならば、「ユダヤ人」という呼び名を捨てればいいはずだが、そう簡単にはいかない。キリスト教は、その多くの教義をユダヤ教、『旧約聖書』の概念に立脚しているし、布教のためにそれをさんざん利用してきているから、『旧約聖書』の言葉を簡単に捨てるわけにはいかなかった。同じ言葉を使いながら、その概念を変えていったわけで、それは、自衛隊は軍隊ではないという憲法解釈のようなものだ。誤解を避けるのなら、憲法を現状に合わせて変えればいいはずなのに、それには抵抗が大きすぎるので、解釈でだましだましやってきたという、それと似たようなことが、原始キリスト教団、特にパウロ派において行われてきたのである。

割礼についても、パウロは「肉の割礼」「心の割礼」という概念を編み出している。「霊による心の割礼」という言い方もしているが、このあたりがパウロを天才だと思う所以《ゆえん》である。

「生まれて八日目に男根の皮を切れ」と「創世記」にはっきり書いてあることを、パウロは、そういうのは「肉の割礼」というやつで、そういう形式が大事なのではなく、要は心の問題だよ、と換骨脱胎《かんこつだったい》してしまうのだ。すばらしいレトリックというか何というか、彼が現代日本の政治家だったら、「肉の憲法第九条」「心の憲法第九条」なんて言葉を発明していたかもしれない。

それから、これは後世人道主義の立場の人からしばしば批判を受けていることだが、パウロは奴隷制度を容認する発言をしている。

ある奴隷がパウロに奴隷から解放されたいと言ったのに対して、パウロは、それは神の思し召しなのだから、解放されたいなどと考えるな、正しい信仰に励んでいればきっと天国に行けるのだから、現実の世界での不幸を嘆く必要はないと応じている。

神の国を説く者としてはこの論理は当然の帰結かもしれないし、そもそも歴史上の行為を後世の価値観から批判するというのはフェアではない。ただ、こういうパウロの論理というのは、現実世界の支配者にとってはまことに都合のいい論理である。不平分子の矛先を他に転じてくれるのだから、見

すべての人は、上に立つ権威に従うべきである。（ローマ人への手紙 13-1）

方によっては、パウロの教えというのは、極めて体制的な論理である。少なくとも、体制にとって利用しやすい考え方だし、信者の現実改革への意欲を削《そ》ぎかねない教えでもある。

こうしたパウロの教えは、ユダヤ戦争後、ユダヤ教やエルサレム教会が壊滅的打撃を受け、ローマ帝国の支配が強化されていったという状況の中で、キリスト教が生き残るために非常に有利な考え方として再評価されることになった。こうしてパウロの生存中は主流となり得なかったものが、彼の死後、キリスト教の主流となっていったのである。

そして、ローマ帝国による度重なる迫害にもかかわらず、やがてキリスト教が勝利を収め、体制の宗教としてついには国教にまでなったのは、こうしたパウロの、どんな現実にも対応し得る柔軟なロジックの賜物《たまもの》であると言っても過言ではないだろう。

第四章

新約聖書の成立

第71問

『新約聖書』って何？

答 キリスト教が新たに制定した独自の聖書。

聖書には、『旧約聖書』と『新約聖書』があることは誰でも知っているだろうが、この呼び方はキリスト教のもので、ユダヤ教では、いわゆる旧約にあたるものだけを聖なる書としていることは前にも述べた。キリスト教で言う旧約とは、「神との古い契約」という意味で、ヤーヴェの神とイスラエル（の民）との間に交わされた救いの約束を指している。この契約は、イエス・キリストの出現によって更新されたのだというのが、キリスト教、特にパウロなどが主張した立場である。神の子であるイエス・キリストが出現したことによって、今や神はキリストを通じて全人類と救済の約束を交わした。これが新しい契約であり、そのことを証明する聖なる文書として『新約聖書』が成立していった。

現在正典とされているものは、二十七の文書から成っている。その分量はどれくらいかというと、日本語に訳されたものは、四百字詰めの原稿用紙に換算して千二百枚程度である。ちなみに本書（『新約聖書100問勝負』）の原稿枚数は四百枚ぐらいであるから、『新約聖書』は、本書三冊分くらいということになる。一方の『旧約聖書』は、約四千枚程度で、本書十冊分くらいになる。意外にたいしたボリュームではないので、理解の程度はともかくとして、全編を読破するだけならそれほど大変なことでもないだろう。

しかし今や、神の義が、律法とは別に、しかも律法と預言者とによってあかしされて、現された。（ローマ人への手紙 3-21）

第72問 『新約聖書』はいつ頃成立したのか？

答 個々の事情で成立した諸文書が、四世紀に正典として確立された。

『旧約聖書』でもある程度認められることだが、『新約聖書』を構成する各文書間には、相矛盾する考え方やつじつまの合わない記述が数多く存在する。それは、それぞれの文書が、初めから聖書として統一されるという前提があって書かれたものではなく、さまざまな事情、必要性から個別に書かれたものが、結果として後に聖書という形になっていったからである。

『新約聖書』の中で、最も書かれた年代が古いのはパウロの書簡集だと考えられる。現在『新約聖書』に収録されているパウロの書簡は十四であるが、実際にパウロが書いたものではないものも含まれている。しかし、パウロが書いたもの、もしくは、それを元にして多少の編集が加えられて成立したものもあり、その中でも最も年代が古いと目されているのは、「テサロニケ人への第一の手紙」である。おそらく五〇年代の前半に書かれたものというのが、多くの研究者の見解である。

『新約聖書』の各文書は書いた著者も、書かれた年代や場所も、動機や目的もそれぞれまちまちであり、初期のキリスト教には『新約聖書』などというものは存在していなかった。各文書が選別され最終的に正典として確立するのは、四世紀のことである。

パウロとシルワノとテモテから、父なる神と主イエス・キリストとにあるテサロニケ人たちの教会へ。（テサロニケ人への第一の手紙 1-1）

第73問

『新約聖書』はどういう構成になっているか？

答 「福音」の部と「使徒」の部の二部構成。

『新約聖書』は二十七の文書から成り立っており、それらは大きく「福音」の部と「使徒」の部とに分かれている。「福音」の部は、「マタイによる福音書」「マルコによる福音書」「ルカによる福音書」「ヨハネによる福音書」の四つから成り立っている（配列と表記は、日本聖書協会発行の口語訳に従った。以下同）。この四つの順番は書かれた年代順というわけではなく、四世紀に正典としての『新約聖書』が成立するときに決められた順番である。成立年代順で考えれば、マタイとマルコの順番が入れ代わり、マルコ、マタイ、ルカ、ヨハネの順になる。

福音とは、幸せの便りというような意味で、イエス・キリストによる救いの教えを指す。「福音書」は、イエスの言行を記した伝記といってよく、マルコ、マタイ、ルカの三つには共通した要素が多く見られるので、この三つを「共観福音書」と呼ぶ。とは言っても、著者も執筆意図も異なっているので、同じイエスの伝記といっても、随所に食い違いが見られる。

「使徒」の部では、まず初めに「使徒行伝」がある。これは、「ルカによる福音書」の後編のようなもので、イエスの死後の使徒たちの活動を、特にパウロを中心に描いている。続いてパウロの書簡集が並ぶ。それらは、「ローマ人への手紙」「コリント人への第一の手紙」「コリント人への第二の手紙」

「ガラテヤ人への手紙」「エペソ人への手紙」「ピリピ人への手紙」「コロサイ人への手紙」「テサロニケ人への第一の手紙」「テサロニケ人への第二の手紙」「テモテへの第一の手紙」「テモテへの第二の手紙」「テトスへの手紙」「ピレモンへの手紙」「ヘブル人への手紙」の十四篇である。これらは、各教会がいろいろ問題を抱えていたときに、その解決のためにパウロが書き送ったもので、実際にパウロが書いたことが確実視される、ローマ、コリント第一、第二、ガラテヤを「四大書簡」、パウロが獄中で書いたとされるが、信憑性《しんぴょうせい》にやや疑いのある、エペソ、ピリピ、コロサイを「獄中書簡」、さらにパウロ以降に、彼の名前を冠して書かれたり編集されたと思われる、テモテ第一、第二、テトスなどを「牧会《ぼっかい》書簡」と呼ぶ場合もある。

次に「公同書簡」とか「公会書簡」と呼ばれるものが続く。「ヤコブの手紙」「ペテロの第一の手紙」「ペテロの第二の手紙」「ヨハネの第一の手紙」「ヨハネの第二の手紙」「ヨハネの第三の手紙」「ユダの手紙」である。これらは、イエスの兄弟ヤコブ、使徒ペテロ、長老ヨハネ、イエスの兄弟ユダなどを著者に擬してはいるが、それぞれの影響を受けた後の世代の者が書いたものというのが定説である。キリスト教徒の間で権威があるとされている人の名前を使った、いわば偽物である。

『新約聖書』の最後を飾るのが「ヨハネの黙示録」だ。著者は初期キリスト教の預言者であろうということ以外は不明である。

以上の文書が、紆余曲折《うよきょくせつ》を経て『新約聖書』に採用されたものである。

この書の預言の言葉を聞くすべての人々に対して、わたしは警告する。もしこれに書き加える者があれば、神はその人に、この書に書かれている災害を加えられる。（ヨハネの黙示録 22-18）

第74問

「マルコによる福音書」はどのような動機で書かれたのか？

答 エルサレム教会や使徒たちに対する反発から。

イエスという人は、自ら書いたものは何も残さなかった。少なくとも何かを書いて残したという痕跡は何もない。そしてそれは、彼の直弟子たる十二使徒たちにしても同様であった。したがって、初期のキリスト教の教会においては、ユダヤ教の聖典、いわゆる『旧約聖書』の朗読が行われ、また使徒たちがイエスの教えなどを語っていたものと思われる。

イエスの教えについて書かれたものが何もないということは、口頭で行われる使徒たちの話だけが、それを知る唯一の手段だったということである。だから、イエスの直弟子たる十二使徒たちは、情報を独占するものとして高い権威を与えられたであろうことは容易に想像がつく。彼らが健在で、指導力を発揮している限りは、イエスの教えを記録に残すという発想は出なかったかもしれない。

そもそも、イエスも含めて草創期のイエス教団の人々は、文字の読み書きができたかどうか疑わしい。それに、教えを記した文書などが出回れば、使徒たちの存在価値は相対的に低下する。

しかし、世代交代によって事態は変わってくる。六六年からの第一次ユダヤ戦争の頃になると、エルサレム教会の指導力は急速に衰える。指導者ヤコブは死に、ペテロをはじめとするイエスの直弟子たちも次々に姿を消していった。直弟子ではなかったが、イエスの啓示を受けたとして精力的に伝道し、各地の教会に手紙を書き送ったパウロもローマで殉教した。

キリスト教徒も第二世代に移行しつつあった。こういう中で、イエスの教えをある程度まとまった形で示し、さらに後世に伝えるという必要性が生じてきた。「マルコによる福音書」は、そういう背景のもとに成立した。書かれた時期については、六〇年代後半から七〇年頃というのが通説である。

最古の福音書である「マルコによる福音書」には大きな特徴がある。それは、反中央というか、反エルサレム教会という色彩が強いことである。これまでイエスに関する情報を独占し、信者の上に君臨してきたペテロら十二使徒に対する反感が強く出ている。

この「福音書」の著者は、ペテロの通訳だったマルコであるとか、パウロやバルナバの伝道旅行に一時同行した、あのヨハネ・マルコであるとかの伝承も存在するが、誰が書いたものかはっきりしたことは分からない。ただ、初期のキリスト教会には、伝統的なユダヤ教に立脚していた主流派で保守派のヘブライスト（ユダヤ系キリスト教徒）と、非ユダヤ教、反ユダヤ教的で革新派のヘレニスト（ギリシア系キリスト教徒）という二つの大きな派閥があり、「マルコによる福音書」は、後者の流れの中から生まれたものであることは確かだろう。

なお、この「福音書」は、イエスが処刑された後、ただ墓が空っぽだったと記しているだけで終わっており、最初は復活を暗示するにとどまっていたが、イエスの復活の場面が後に加筆されて、現在のような形になったものと考えられている。


そのころ、イエスはガリラヤのナザレから出てきて、ヨルダン川で、ヨハネからバプテスマをお受けになった。（マルコによる福音書 1-9）

第75問

「マタイによる福音書」は、どのような動機で書かれたのか？

答 **ユダヤ人に対してキリスト教をアピールするため。**

「マタイによる福音書」が書かれたのは、八〇年代といわれている。七〇年の第一次ユダヤ戦争によってユダヤ人社会は大打撃を受け、エルサレム教会も求心力を失った。ユダヤ教においては、神殿の喪失によって祭司階級のサドカイ派は存在価値を失い、パリサイ派が名実ともに主導権を握るようになった。かくしてユダヤ教はますます保守化し、キリスト教との対立を深めることになっていった。

こうしたユダヤ人社会の情勢の中で、パレスチナのキリスト教徒たちは、必然的にユダヤ人、ユダヤ教徒に対する弁明と批判を展開しなければならなかった。キリスト教こそがユダヤ教の正統であり、パリサイ派は偏狭で、かつ律法の外面のみを重視して偽善に陥っている、しかも律法自体の遵守《じゅんしゅ》も不徹底である、というのが「マタイによる福音書」の主張であり、執筆動機であった。

この福音書の著者については、イエスの直弟子だった取税人のマタイという伝承があったが、今日ではそれはほぼ否定されている。ただ、『新約聖書』の正典が決定されるときに、イエスの直弟子の著作であると信じられたことや、内容、文体の格調の高さなどから、四福音書の筆頭に置かれることになった。

これが書かれた時点では、「マルコによる福音書」がすでに世に出てある程度流布していたと思われる。「マタイによる福音書」は明らかに「マルコによる福音書」を参考にしながら書いていると思われるからである。ただ、「マルコによる福音書」は反エルサレムの色彩が強いヘレニストの書いたもので、内容的にもイエスの教えが少なかった。こうしたものに不満を持ったヘブライストの流れの中から出てきたのが「マタイによる福音書」だったと言ってよいだろう。

「マタイによる福音書」の特徴としては、イエスの教えが「山上の説教」として、かなりまとまった分量で記されていること、逐次『旧約聖書』の文句を引用してイエスの行為がことごとく予言の成就であると強調していること、パリサイ派に対する徹底的な批判、キリスト教内部の律法否定や律法軽視の風潮に対する批判、教会の権威の強調などが挙げられる。また、ペテロら十二使徒についても、「マルコによる福音書」のように、常に否定的、批判的に叙述するのではなく、イエスの教えをよく理解した弟子として、また、イエスからも時としてほめられ、教えを受け継いでいく資格があったことなどが描かれている。

そうしたところから判断すれば、「マルコによる福音書」が反中央、反エルサレム教会的であったのに対して、「マタイによる福音書」は、ユダヤ教的、エルサレム教会的、保守主義的な傾向を持つものだということができよう。これだけ立場の違う文書が、どちらも正典として採用されているというのは、ある意味でキリスト教の懐《ふところ》の深さなのかもしれない。

なお、多くの研究者は、「マタイによる福音書」と次項で述べる「ルカによる福音書」とは、ともに「マルコによる福音書」と「語録Q」（イエスの言動について記され、今日失われてしまったと推定される、初期キリスト教の仮想資料）とを資料として執筆されていると考える点で一致している。

こころの貧しい人たちは、さいわいである、天国は彼らのものである。（マタイによる福音書5-3）

第76問

「ルカによる福音書」はどのような動機で書かれたのか?

答 ローマ帝国の中でキリスト教をアピールするため。

「ルカによる福音書」は、冒頭に献呈《けんてい》の辞があって、テオピロ閣下という人物のために書かれたものであることが分かる。このテオピロとはローマ帝国の高官だったといわれている。このことが象徴しているように、「ルカによる福音書」は、ローマ帝国の中でキリスト教をアピールするために書かれたと言っていいだろう。

当時、広大なローマ帝国の中でキリスト教がどの程度の勢力を持っていたかは分からない。ローマ帝国の記録などから判断する限り、まだ社会的に影響力を行使するほどの勢力になっていたとは思えないから、人数的にも大したことはなかっただろう。六四年に起こったローマ市の大火をきっかけにして、皇帝ネロによるキリスト教徒への迫害があったことは歴史上有名であるが、このときなぜキリスト教徒が迫害されたのか、その迫害の実態はどうだったのかなど不明な点も多い。研究者によっては、迫害の事実そのものを否定する者もいる。

「ルカによる福音書」が書かれたのは、八〇年代の後半頃のことだろうと推定されている。この頃のローマ帝国の皇帝は、ネロと並ぶ迫害皇帝として名高いドミティアヌスであった。キリスト教徒はローマ帝国内で確実に増えつつあり、この時代になると、社会的にも注目を浴びる集団に成長していた可能性がある。ユダヤ教やキリスト教は、帝国内で流布している他の諸宗教とはかなり性格の違うものので、他宗派の者からはいささか奇異に映っていたように思われる。

たとえとして適切かどうか分からないが、現代日本でも、通常の社会の価値観と全然違う価値観に立脚している宗教があるが、一般人と彼らとの間にはまともな会話はなかなか成立しにくいものだ。「ミイラは生きている」とか「天の声」とか「定説」とか言われても、拠《よ》って立つ世界観がまるで違うのだから理解のしようがない。ローマ帝国内における当時のキリスト教徒たちも、あるいはそのような奇妙な存在として一般人に認識されていたかもしれない。

そういう中で、キリスト教のそもそもの出発点やものの考え方などを、筋道立てて理路整然と弁明する必要性が生じていたと考えられる。

この福音書の著者は、パウロに同伴した医者のルカだという伝承があるが、この著者はどうもパウロを直接は知らなかったらしい形跡があるなど、いろいろ矛盾があるので、今日では伝承はほぼ否定されている。またパレスチナの地理に暗いことなどから、ローマかその周辺地域で活動していた異邦人キリスト教徒だと考えられる。ルカという名前が冠せられたのは、おそらくパウロ派の教会に所属していた人で、医者のルカに直接取材したことがあったためかもしれない。

いずれにしても、キリスト教の主舞台は、六〇年代後半以降はエルサレムを中心とするパレスチナから、ローマを中心とした地中海世界一帯へと移っていたのである。

テオピロ閣下よ、わたしもすべての事を初めから詳しく調べていますので、ここに、それを順序正しく書きつづって、閣下に献じることにしました。（ルカによる福音書 1-3）

第77問

「ヨハネによる福音書」はどのような動機で書かれたのか？

答　現実的救済のないことを哲学的に弁証するため。

「ヨハネによる福音書」は、他の福音書と違って、神学的哲学的な側面が強い。著者については、諸説があるもののユダヤ人キリスト教徒であったらしいということ以外にはほとんど何も分からない。その活動地域もエペソやアレキサンドリアだったというのがかつての通説であったが、今ではシリアから小アジアの地域であったろうと推定されている。

成立年代についても確実なことは不明で、だいたい九〇年代の後半から一〇〇年代にかけてだとする研究者が多い。九〇年代後半というと、ローマや小アジアでキリスト教徒が迫害を受けていた時期と重なる。この福音書では現実の問題よりも神学的あるいは哲学的命題に関心がはらわれているが、それは迫害という事実と無関係ではないだろう。

キリスト教には、現実的な救済を望んで入信した者も少なくないと思われるが、それに対して現実は厳しいものがあり、信仰に疑いを持つ者も当然いたことだろう。「なんや、さっぱり神の国なんか実現せんやないか。いいこと全然ないわ」という思いを抱く者たちに対して、「いや、そうじゃない。本当の救いは現世利益《げんせりやく》じゃない」というので、哲学的な命題を設定し、現実が厳しいからといって信仰を捨ててはいけないと諭《さと》すことが「ヨハネによる福音書」執筆の動機だったと考えられるのである。

初めに言があった。言は神と共にあった。言は神であった。
（ヨハネによる福音書 1-1）

第78問 「使徒行伝」はどんな動機で書かれたのか？

答 パウロ主義のキリスト教をローマ帝国にアピールするため。

「使徒行伝」は「ルカによる福音書」の後編のようなものだと前に述べた。それは、冒頭に「テオピロよ、わたしは先に第一巻を著して」云々とあることから、同じ著者が同じ相手に読ませるために書いたことが分かるからである。したがって、「使徒行伝」の執筆動機は「ルカによる福音書」とほぼ同じということになる。

ただ、「ルカによる福音書」はイエスの言動が中心であり、続編である「使徒行伝」は、イエスの死後の弟子たちの活動を描いたものである。復活したイエスの啓示によって弟子たちが再び運動をはじめ、教会を築く経緯に続いて、「使徒行伝」の主たる記述はパウロの活動に費やされる。

原始キリスト教には、その当初から一貫して二つの流れが存在していた。初めはユダヤ教的なものが主流で、非ユダヤ教的なものは少数派であったが、第一次ユダヤ戦争によって、形勢は逆転する。ユダヤ人キリスト教徒たちはエルサレムを離れざるを得なくなり、それに代わって、かつては冷飯を食わされていたパウロ派の教会群が、キリスト教の主流派の地位に躍り出たのである。「使徒行伝」は、そうした経緯を、パウロ生存中の過去にいくぶん投影するような形で執筆され、パウロ主義をアピールする文書であった。

そのころ、120名ばかりの人々が、一団となって集まっていたが、ペテロはこれらの兄弟たちの中に立って言った。（使徒行伝 1-15）

第79問 「ローマ人への手紙」が全聖書の扉とされるのはなぜ?

答 パウロの神学思想が最も本格的に展開されているから。

パウロの書簡の中で最も分量の多い「ローマ人への手紙」は、教会において昔から非常に重視され、「この手紙を理解するものは、全聖書を理解する扉を開く」とまで言われてきた。パウロの神学思想が体系だって説明されており、キリスト教がユダヤ教から分離して独自の歩みをするようになった哲学的原理がここに明かされてもいる。ローマ教会は、四〇年代末期頃にはすでに成立していたようである。その主流は、異邦人キリスト教徒で、一部ユダヤ人キリスト教徒も混じっていたと思われる。パウロは、帝国の首都に成立していたローマ教会を訪問し、信者たちに会うことを切望していたが、ユダヤ人追放令に阻まれるなどして、なかなかその機会を得ることができないでいた。

この手紙は、パウロがコリントに滞在していた五五、六年頃に執筆したといわれ、将来訪れるであろう未知の同志に宛てて、自分の信仰観などを披瀝《ひれき》したものである。その後、パウロがローマを訪れるのは、囚人としてであった。「使徒行伝」では、パウロはローマで自由に活動できたように書いてあるが、軟禁状態に置かれていたものと思われる。結局、彼はこの地で一生を終える。「ローマ人への手紙」は、パウロが最後に書いたもので、結果的に彼の遺書ともなった。

内容の概略は、序文に続いて、人を救う神の義の必然性が語られ、続いて律法とは別の神の義が説かれる。そして、信仰による現実的変化としての自由、イスラエルと神の救済の歴史、キリスト教徒の実践倫理などについて述べている。それらを整理すると、

(1) 神はユダヤ人も異邦人も差別はしないが、神の前で正しいものは一人もいない。なぜなら律法によっては、罪の自覚が生じるだけだからである。

(2) しかし、今や律法とは別に、「神の義」が現われ、イエス・キリストを信じる者に救いが約束される。これが、信仰によって神との正しい関係に入れるという「信仰義認」の原理で、その生きた実例としてイスラエルの祖アブラハムが挙げられる。

(3) 信じることによって与えられる神の義とは、現実的には、死の力からの自由、罪の力からの自由、律法からの自由、霊の力による新生と希望などである。

(4) キリストを信じることは神との平和を意味するが、同時に苦難をも喜ぶということである。それは、救いの保証としての神の愛が聖霊によって注がれ、アダムの原罪以来すべてを支配してきた死の力から、キリストの恵みによって解放されたからである。

(5) 入信前の自分は「肉」の弱さによって罪の力に支配されていたが、入信後はキリストによって律法から解放され、自由となったことを歓喜し、感謝している。

(6) はじめに神から選ばれたイスラエルの民は、神への不信によって転落した。しかし、神はイスラエルを見捨てたのではなく、そのことによって逆にユダヤ人以外の異邦人が救われ、結局は全イスラエルも救われることになる。こうした論の後に、パウロは、キリスト教徒としての具体的な倫理として、神への献身、隣人愛、信仰の弱い者たちへの配慮などを訴えている。

わたしは、あなたがたに会うことを熱望している。あなたがたに霊の賜物を幾分でも分け与えて、力づけたいからである。（ローマ人への手紙 1–11）

第80問

パウロは何のためにあちこちに手紙を書いたのか？

答　各地の教会がしょっちゅうトラブルに見舞われたため。

『新約聖書』の二十七文書中、実に過半数の十四文書がパウロの手紙である。もっともその半分くらいは彼の真筆ではなく偽物の疑いが濃厚だが、いずれにしてもパウロの占める位置が、キリスト教にとってどれほど重要か分かるというものだ。本書が、キリスト教はパウロが作ったものと再三述べてきた根拠の一つは、こうした点にもある。

パウロが各地の教会に手紙を出す理由は、さまざまなケースがあったが、たいていは、教会が何らかのトラブルに見舞われ、自分がいちいち出向いて解決するわけにいかない事情があった場合である。

例えば、「コリント人への手紙」は、コリントの教会で分派活動が起こり、創立者のパウロに批判的な勢力が台頭してきたことに対して、「分派はやめろ。オレを模範にしろ」と訴える（オレを模範にしろって、分派の元祖みたいなパウロがよく言うよ）。また、「ガラテア人への手紙」は、ガラテアの教会に保守主義者がやって来て割礼などの律法遵守を要求するという動きがあったことに対して、「にせ兄弟の言うことなんか聞くんじゃない」と言っている。

キリスト教って最初からけっこう派閥があったということがよく分かる。

兄弟たちよ。お願いする。どうか、わたしのようになってほしい。
（ガラテヤ人への手紙 4-12）

第81問 「ヤコブの手紙」の趣旨は？

答 信じるだけじゃダメだよ。行いも大事なんだよ。

これは、パウロ主義への批判である。パウロは信じることこそが大事だと言っているが、「ヤコブの手紙」は、神の言葉を聞くだけではだめで、それを行わなくてはならないとか、悪口を言うなとか、律法主義的な倫理道徳を訴える。さすがエルサレム教会の代表者ヤコブで、バランス感覚に優れた保守派の頭目ならではの意見だと言いたいところだが、この手紙はヤコブが書いたのではないことは確実である。というのは、この手紙は、パウロの書簡が収集されて普及し、各地の信者らがそれを目にするようになる一世紀末から二世紀初頭にかけて書かれたと推定されるからである。ユダヤ戦争以後、ユダヤ人キリスト教徒はエルサレムにいられなくなって周辺地域に移動したが、この手紙はそうした人によって書かれたものだろう。

かつては主流派を形成していたはずの律法主義的キリスト教も、エルサレム教会の衰退、移転とともに今や少数派に転落していた。キリスト教は、少し前までは「はぐれ刑事」とか「はみだし刑事」のような存在だったパウロの流れを汲む者たちに牛耳られている。そこで、この手紙の著者は、ユダヤ人キリスト教徒にとって栄光の時代の象徴であるヤコブの名前を冠した手紙によって、パウロ派に一矢報いたかったに違いない。

律法をことごとく守ったとしても、その1つの点にでも落ち度があれば、全体を犯したことになる。（ヤコブの手紙 2-10）

第82問

「ペテロの手紙」は何のために書かれたのか？

答　迫害にあっても耐えて、信仰を捨てないように勧告するため。

「ペテロの手紙」が二種類『新約聖書』に収録されているが、著者は明らかにペテロではない。この二つは、「ヤコブの手紙」と同様「公同書簡」と呼ばれるもので、ローマ帝国内各地の教会にあてた回覧状のようなものである。

文書の内容などから判断して、第一の手紙はドミティアヌス帝の迫害のあった時期、九〇年代、第二の手紙は、さらに時代が下って二世紀半ば頃と推定されている。

第一の手紙の趣旨は、どんな迫害にあっても信仰を捨ててはならないということを訴えることにある。イエスの死が復活によって覆されたように、それを模範とする信徒の苦難は、終末においてキリストの栄光の祝福へと変えられるのだから、そのときまで我慢しなさいというわけである。

具体的な内容としては、初めに、信仰に新しい生を与え、希望と喜びを与えてくれた神の恵みを賛美し、次いで、その恵みにふさわしく、清くて真実の愛に生きるように諭《さと》し、次いで、不当な中傷を避けるために体制に服従すべきこと、不当な苦しみにあっても我慢すべきことなどが説かれる。これがイエスの歩んだ道であるから、信徒はそれを模範としていこうというわけである。そして、最後には神の裁きが下り、不信心な者、罪ある者は厳しく罰せられるのだから、けっして信仰を捨ててはいけない、苦しみの後には恵みが待っているのだから、と強調される。

第二の手紙の趣旨は、「終末にはキリストが再び現れて救ってくれるはずなのに、なかなか現れない。もう待てない、こんなのインチキだ」と言って信仰に不信感を持つ者に対する弁明である。キリストの再臨が遅れているのは、実は神の慈悲というもので、一人でも多くの人に悔い改める機会を与え、救ってやるためなのだ、とこの手紙は説明する。

うーん、何かすごい言い訳に聞こえるが、どうだろうか。「終末が来るぞ、来るぞ」と言って煽《あお》り、「だから、真面目に信心しとけよ」と説教しておきながら、なかなか終末がこないと不満をもらせば、「そりゃ、君、終末は遅ければ遅いほど、多くの人が救われるんだからけっこうなことじゃないか」と開き直る。こんなことでは、永遠に終末が来なくても一向に差しつかえないわけで、どうにでも言い訳が可能になってしまう。こんな詭弁《きべん》を弄《ろう》されて、信者たちはよく暴動を起こさなかったものだと思うのだが……。

ただ、現実問題としては「終末」なんてものは、生きている間にやって来る可能性はほぼないわけで、それでも信徒たちをその気にさせながら引っ張っていかなければならないという事情があったことは理解できる。この手紙を書いた本人だって、内心は疑っていたのかもしれないが、他に有効な手段があるわけでもない。ローマ帝国によるキリスト教への迫害は断続的で、そのときの皇帝の意向に左右されることが多かったため、迫害の時期と平和の時期とがあって、その都度キリスト教徒たちの信仰は揺さぶられてきた。そんな状態においては、詭弁でも何でも、やっぱり「信じる者は救われる」のかもしれない。


ある人々がおそいと思っているように、主は約束の実行をおそくしておられるのではない。ただ、ひとりも滅びることがなく、すべての者が悔改めに至ることを望み、あなたがたに対してながく忍耐しておられるのである。（ペテロの第二の手紙 3-9）

第83問

「ヨハネの手紙」、「ユダの手紙」は何のために書かれたのか？

答　グノーシス主義などの異端を批判するため。

「ヨハネの手紙」は第一から第三まである。すべて同一の著者によるものかどうか、また、「ヨハネによる福音書」の著者との関係などについては不明である。ただ、「ヨハネによる福音書」を生み出した教会に属する者であったと推定されている。

「ユダの手紙」は、イエスの兄弟ユダを著者に擬しているが、年代的にまったくあり得ない。「ヨハネの手紙」も「ユダの手紙」もだいたい一世紀末から二世紀にかけて書かれたものと推定されている。

これらの手紙からは、キリスト教には多様な考え方が存在していたことをうかがい知ることができる。歴史の流れの中で、多くのものは異端として退けられていったが、ヤコブやユダの手紙は、そうした異端に対する論争の書という側面を持っている。そうした異端の一つにグノーシス主義と呼ばれるものがあった。グノーシスとは、「知識」という意味のギリシア語である。キリスト教の中のグノーシス主義とは、簡単に言うと、ユダヤ教の神とキリスト教の神とは別のもので、この世はユダヤ教の神が支配する悪の世界であり、善なる世界の神（父）がこの世に派遣したのが神の子イエスなのだという考え方である。キリスト教がユダヤ教と完全に絶縁するのであれば、こういう考え方のほうが筋が通っているようにも思うが、結局こうした考えは異端として退けられた。

彼らは不平をならべ、不満を鳴らす者であり、自分の欲のままに生活し、その口は大言を吐き、利のために人にへつらう者である。（ユダの手紙16）

第84問 「ヨハネの黙示録」では何が言いたかったの？

答 ローマは滅び、神の国が実現する。

『新約聖書』の最後を飾るのが「ヨハネの黙示録」である。これは、皇帝礼拝の強要によって多くのキリスト教徒が迫害されたドミティアヌス帝時代の末期（九〇年代半ば頃）、小アジアで書かれたものと推定されている。

黙示録というのは、一言で説明するのはかなり難しい。絵画で言うなら、抽象画のようなもので、見る人が見れば作者の意図がよく分かるが、分からない人には何が言いたいのかよく分からない。あるいは、「仮名手本忠臣蔵《かなでほんちゅうしんぐら》」なども、見方によれば黙示録的と言っていいかもしれない。お上の手前、忠臣蔵の物語をストレートに演じるわけにはいかないが、舞台を昔の太平記の時代に設定し、登場人物たちももっともらしく改名させてはいるが、ほとんどの人は、それが元禄《げんろく》時代に起こった赤穂《あこう》事件のことだと了解しながら見ている。

「ヨハネの黙示録」は、ローマ帝国を「大いなるバビロン」と呼び、それが亡んで神の支配が実現するという終末論的待望が述べられている。ローマ帝国を擁護するような文書の多い『新約聖書』の中で、ストレートにではないにせよローマを呪うかのようなこの文書は、かなり異質の存在で、帝国による迫害の厳しさを、読む者に感じさせずにはいない。

倒れた、大いなるバビロンは倒れた。そして、それは悪魔の住む所、あらゆる汚れた霊の巣くつ、また、あらゆる汚れた憎むべき鳥の巣くつとなった。（ヨハネの黙示録 18–2）

第85問

『新約聖書』の外典にはどんなものがあるか?

答　キリスト教には分派が多く、さまざまな外典が数多く存在する。

キリスト教は伝統的に分派の多い宗教といえるかもしれない。何度も触れてきたように、初期のイエス教団には、発足当初からユダヤ人と異邦人という大きな二つの派閥があった。ユダヤ人キリスト教徒は、ユダヤ戦争によって大きな打撃を受け、教団の主流は、異邦人キリスト教徒に移っていった。しかし、それでも教義が一本化されるということはなかなかなかった。大勢はパウロ主義が制したといえるだろうが、ユダヤ教的流れも完全に途絶えたわけではない。さらに、キリスト教がローマ帝国全域及び東方のパルチア帝国領内にも広まるにつれ、各地に独自の教義を持つ多様な分派が生じた。それらのほとんどは最終的には異端として退けられることになるが、多様な考え方は正典の中に取り込まれたり、あるいは、正典からははずされたものの、外典としてそれなりに普及していった。

こうしたことから、新約聖書外典と呼ばれるものは、八十以上も知られている。それらは正典と同様、福音書、行伝、書簡、黙示録、その他に分類することができる。

まず福音書としては、「ナザレ人」「ヘブル人」「エピオン人」「エジプト人」「トマス」「ピリポ」「マルキオン」「ペテロ」「ニコデモ」などといったものが知られている。各地域の各思惑によって成立した文書だが、ほとんどがパピルスの断片や引用されたものからの復元で、まとまった形で残っているものはない。

行伝としては、「ペテロ」「パウロ」「ヨハネ」「トマス」「アンデレ」などが知られていて、福音書と違ってかなりまとまった形で残されている。それぞれ主人公である使徒の物語であるが、彼らが神の人として奇跡を行ったということを強調するために、荒唐無稽な物語が展開される。これらはいずれも、二〜三世紀にかけて成立したようだ。

書簡は比較的数が少ないが、パウロの手紙というスタイルをとったものが多い。正典のパウロの手紙にも偽物が多いのに、それらはなぜか外典ではなく正典にされている。外典とされたパウロの手紙は、平凡な徳を勧めているなど、あまりパウロらしくないので、正典とされなかったのかもしれない。

黙示録としては、パウロやペテロの黙示録などがある。さすがは原始キリスト教を代表する二大スターである。あらゆるジャンルに二人の名前がしばしば登場している。

その他の外典として、「詩篇」「祈禱」「教え」など、正典にはない形式の文書も存在する。ここでも、例の二大スターは大活躍である。

『新約聖書』は、こういった外典も含めていろいろ選別作業が進められ、キリスト教がローマ帝国に公認された後の「ニケーア公会議」（三二五年）、ラオディキア会議（三六三年）などを経て、三六七年のアタナシウスの書簡によって、「誰もこれに加えてはならないし、これを削ってはならない」ということで、最終的に二十七の文書が確定した。その後の会議などでも、このことが確認され続け、現代にまで至っている。ただ、それにしても、『新約聖書』の各文書はばらばらで、とても統一されたものとは言いがたいようだ。

＋α ヨハネは人気者

聖書を彩る人物たちの名前は、キリスト教世界のなかで、人名として受け継がれていった。

十二使徒の筆頭ペテロは、英語表記ではPeter（ピーター）、パウロはPaul（ポール）、イエスの兄弟のヤコブはJames（ジェームス）で、今日でもよく耳にする名前である。これら以上に英米で一般的な名前であるJohn（ジョン）は、ヨハネに由来する。ヨハネは、イエスの先輩格のバプテスマ（洗礼者）のヨハネ、十二使徒のひとりのヨハネ、「ヨハネの黙示録」、「ヨハネによる福音書」など、聖書には複数のヨハネが登場する。ヨハネは、イタリア語ではGiovanni（ジオバンニ）、ノルウェー語ではJohan（ヨハン）、ロシアやブルガリア語ではIvan（イワン）となり、それぞれ思い当たる有名人がいるはずである。ちなみにJohnの名前を持つアメリカ大統領は、ジョン・F・ケネディなど歴代で6人もいる。ヨハネの息子（子孫）を意味するJohnson（ジョンソン）、Jones（ジョーンズ）、また、Johnの愛称形から変化したJack（ジャック）など、実在する人間や物語の登場人物としてヨハネは大変な人気者だといえる。一九七八年以降ローマ教皇の座にあるヨハネ・パウロ2世は、英語で表記するとJohn-Paulである。そういえば世界的に有名なあるグループにはヨハネ（John）とパウロ（Paul）のふたりがいたがご存じだろうか。いわずと知れたビートルズである。

さて、世界的な大都市にも、ペテロ、パウロ、ヨハネにちなんだ名前の都市がある。Sankt-Peterburg（サンクトペテルブルク＝ロシア）、São Paul（サンパウロ＝ブラジル）、Johannesburg（ヨハネスバーグ＝南アフリカ）がそれである。

第五章

キリスト教とローマ帝国

第86問 キリスト教とローマ帝国の関係はどのようなものだったか?

答 迫害、服従、抵抗、妥協を経て最終的にキリスト教は帝国の国教となった。

キリスト教とローマ帝国の関係をひと口で言い表すことはできない。イエスが活動し、処刑された三〇年頃から、キリスト教がローマ帝国の国教となる三九一年までの三百数十年間の両者の関係は実に複雑・多様なものがあった。

キリスト教とローマ帝国との最初のかかわりは、イエスの処刑だった。この問題について、『新約聖書』がどんなにユダヤ責任論、ローマ無関係論を言いたてても、イエス処刑を決断した最終責任者は、ローマ帝国のユダヤ州総督ピラトであったことは間違いない。

両者の関係で次に注目されるのが、ペテロとパウロのローマにおける殉教である。原始キリスト教を代表するこの二人がどうしてローマで死ななければならなかったのか、詳しいことは分からない。おそらくは、ユダヤ教徒がローマ帝国に彼らを危険人物として告発し、帝国側が有罪と認めて処刑したものと推定されている。

こうした迫害の事実にもかかわらず、「福音書」をはじめとする『新約聖書』の多くは、ローマ帝国に好意的なように感じられる。歴史的事実を歪曲《わいきょく》してまで、ローマに取り入ろうとする姿勢があると言っては言い過ぎかもしれないが、「ヨハネの黙示録」を別にすれば、ローマ帝国とキリスト教とは協調すべきものであるかのように記されている。迫害に対しても、抵抗ではなく、忍耐、服従の道を選べと『新約聖書』は教えている。

しかし、キリスト教徒は常に無抵抗だったわけではない。初めは取るに足らない存在だったキリスト教も、信者の数を増し、ローマ帝国内で確実に社会浸透を図っていくにつれて、両者には多くの摩擦が生じてくる。帝国の運営にとって、キリスト教は次第に無視できない存在となっていったのである。ローマ帝国は断続的にキリスト教を迫害した。断続的だったのは、その時々の皇帝の意向によって、対キリスト教政策がめまぐるしく変わったからである。それに対するキリスト教側の対応もさまざまな様相を呈することになる。

キリスト教徒にとって耐えがたいものは、皇帝礼拝の強要であった。それはユダヤ教徒にしても同じことだが、彼らは唯一絶対の神以外に神の存在を認めることだけは断じてできない。ローマ帝国の歴代皇帝の中には、自らを神と信じて礼拝を強要した者がしばしば現れた。また、皇帝への礼拝でなくても、古来からのローマの神々への礼拝が強要されることもあった。いかにローマ帝国と協調していきたいと考えたとしても、キリスト教徒にとって譲れない一線というものがあったのである。

キリスト教とローマ帝国との葛藤は、結果的にキリスト教の勝利に終わったと言っていいだろう。迫害しても迫害しても根絶できないどころか、ますます帝国内に浸透し、もはやキリスト教徒を抜きにしては政権運営は成り立たないほどになったとき、帝国は対キリスト教政策を変更せざるを得なくなった。ここにキリスト教とローマ帝国との妥協が成り、キリスト教は帝国を利用してますます勢力を拡大し、帝国は新しい支配の論理としてキリスト教を利用するという両者の関係が確立した。

第87問 「福音書」がイエス処刑の責任をユダヤ人に押しつけたのはなぜ？

答 赤穂浪士が、吉良上野介《きらこうずけのすけ》を仇だと思ったのと似た構図である。

「福音書」がイエスの処刑に関して、その責任の多くはユダヤ人にあり、ローマ当局者（総督のピラト）の責任は軽いものだと強調する傾向のあることは、第一章ですでに述べてきた通りである。歴史的事実は、「福音書」の記すところとはかなり違うものだったろうことは容易に想像がつくが、事実を歪曲してまでユダヤ人を憎み、ローマ帝国と協調しようという姿勢はどうして生まれたのであろうか。

「福音書」に記されたイエス処刑における、イエス教団、ユダヤ教、ローマ帝国の三者の関係は、処刑当時の史実ではなく、「福音書」が書かれた時点における三者の関係の投影である。その構図は、ローマ帝国内でキリスト教とユダヤ教とが激しく反目し、時として当局の介入によって迫害を引き起こすというものだった。

その際、ユダヤ教徒は伝統的な宗教としてある程度容認されてきたという事実があり、数的にも社会的地位においても、キリスト教徒よりも有利な状態にあった。彼らは激しく対立するキリスト教徒たちを、ローマ社会になじまない新奇な宗教を持つ者として、しばしば当局に告発したものと思われる。ペテロやパウロの殉教もこうした構図によって引き起こされたものだったのであろう。

対するキリスト教徒は、この時点ではどう見ても社会的弱者だった。ユダヤ教徒がキリスト教徒を告発するように、ユダヤ教徒を告発し返すということは、なかなか難しかったものと考えられる。

さて、こうした関係を考えると、「福音書」などでユダヤ人が激しい憎悪の対象とされ、ピラトが非難の対象となっていないという事実は、赤穂浪士が吉良上野介（ユダヤ教徒）を仇と憎み、浅野内匠頭《あさのたくみのかみ》（イエス）切腹の不当判決を下した幕府（ローマ）に対しては、少なくとも表面上は異議を唱えなかったという、あの忠臣蔵事件の構図によく似ている。

浅野内匠頭は度重なる遺恨から、半ば発作的に吉良上野介に斬りかかる。その場所は、江戸城内である。理由はどうあれ、将軍様のお膝元でこんな騒動を起こすとは何事か、というわけで、内匠頭は即日切腹、浅野家は、お家断絶、一方、吉良上野介には何のお咎《とが》めもなく終わった。浅野家の家臣たちは激怒した。その恨みの矛先は、浅野を処刑した幕府にではなく、吉良上野介に向かった。幕府の不当判決に不満を持つ者もいたかもしれないが、仮にそうだったとしても、絶対の権力者である幕府、将軍を表立って批判するわけにはいかない。それで、すべて悪いのは吉良だ、となったわけである。

イエスは、パリサイ派やサドカイ派などユダヤ教主流派と激しく対立した。イエスの鋭い舌鋒は、松之廊下における内匠頭の刃傷《にんじょう》のようなものである。それでイエスは捕らえられ、ピラトの判決によって処刑された。ユダヤ教側にはお咎《とが》めなしである。この不当判決を非難することよりも、後世のキリスト教徒の恨みは吉良上野介であるユダヤ教徒へとそそがれた。キリスト教徒たちは、大石内蔵助《おおいしくらのすけ》らのようにすぐに恨みを晴らすことはできなかったが、三百年かかって帝国の国教となり、ユダヤ教徒への恨みを晴らしたのである。

第88問

皇帝ネロの迫害とはどのようなものだったのか？

答　赤穂浪士の残党まで処刑したようなもの。

ローマ帝国の第五代皇帝ネロは、暴君として悪名が高い。彼は前皇帝クラウディウスの再婚相手アグリッピナの連れ子だった。ネロの治世のはじめの三年間は、キリスト教にとって比較的平穏な時期だった。ところが、六四年の夏、ローマに大火が起こったことをきっかけに、史上名高いキリスト教徒の大虐殺が起こる。

タキトゥスの『年代記』によれば、大競技場の外側に並んだ出店から起こった火の手は、おりからの強風にあおられて低地から高台、そしてまた低地となめつくし、六日七晩も燃えて、なおくすぶり続け、ローマ市の大半を灰塵《かいじん》に帰してしまった。この出火の原因について、当時の人々は、ネロが、自分の音楽的趣味のために、あるいは廃墟の上に壮大な新首都を建てて名声を得るために、放火を命じたのではないかと噂し、その噂の広まりに困惑したネロが、自分に向けられた疑惑や憎悪を他に転嫁するために、キリスト教徒を逮捕し、大量虐殺を行ったのだという。

さらに、タキトゥスによれば、このときのキリスト教徒処刑はきわめて残虐なもので、見せ物として犬にかみ殺させたり、灯火代わりに火をつけて燃やしたりしたという。

もっとも、タキトゥスの記すところがどの程度真実なのかについては、いろいろと疑問も提出されている。後世のさまざまな史料は、キリスト教徒の処刑とローマの大火とは特に無関係だったように書かれているし、研究者によっては、ネロの迫害そのものがなかったという者もいる。

ネロの迫害がローマの大火と無関係だったとするならば、キリスト教徒の処刑はなぜ行われたのだろうか。タキトゥス自身、「多くの人々が放火罪というより、むしろ人類を敵視する者という理由で処罰された」と述べており、また、スエトニウスの『皇帝列伝』では、キリスト教は、新奇で有害な迷信の信者として処罰されたとある。さらに、キリスト教側の史料でも、ネロの迫害とローマの大火を結びつけるものはないようだ。

また忠臣蔵を引き合いに出すが、ユダヤ人を仇と思い、いつか討ち入りして殿（イエス）の恨みを晴らそうと考えるキリスト教徒にとって、ネロによる迫害は大きな痛手だったはずだ。このときかどうか定かでないにしても、ペテロ、パウロという二大指導者を失ってしまったことは、大石内蔵助や堀部安兵衛のいない赤穂浪士のようなもので、しかも、その残党どもは何かと物騒な火種だし、変な迷信を信じて、人々から奇妙な集団だと思われている。ネロは狂気の人のように思われていて、実際そうだったのだろうが、しかし彼も政治家のはしくれである。社会の治安を乱す者、そのおそれのある者は速やかに処罰し、残党狩りをしたのだと考えても不思議ではない。実際、彼は江戸幕府が時々やった倹約令や風紀取締りのようなものを行っている。

社会に同化せず、しばしばユダヤ人と騒動を起こすキリスト教徒の存在は、この頃からぼちぼち危険な存在として統治者からマークされるようになったということだろう。

第89問 ユダヤ戦争は、キリスト教にどういう影響を及ぼしたか？

答 保守派（ヤコブ派）から進歩派（パウロ派）への政権交代を促した。

ユダヤは六年にローマ帝国の直轄領に編入されたが、しばしば民族抵抗運動が行われてきた。イエスが一部の人からメシアだと信じられたのも、民族独立の強力なリーダーを待望する当時のユダヤ社会の一つの表れともいえる。イエスがどういう意図を持っていたのか実際のところは不明だが、「福音書」の伝えるところによれば、イエスは現実世界での民族運動を目指したのではなかった。それは、キリスト教が結果的にはユダヤの民族運動に加わることなく、やがてユダヤ教と袂《たもと》を分かっていくという歴史的経過を、イエスの運動の方針として過去に投影したものと見ることも可能であろう。

さて、六〇年代に入ると、ユダヤ州総督の失政が相次いだ。六四年に総督に就任したフロールスは、エルサレム神殿の宝庫から金品を奪うという暴挙を行った。これはユダヤ人の民族感情を逆撫でする行為である。当然のごとく憤激した民衆に対して、フロールスはユダヤ人を監禁し、六百三十人を殺害する。さらに、エルサレムの町はローマ兵士の略奪し放題となり、民衆の怒りは頂点に達した。そんな折りも折りの六六年、総督フロールスが、カイサレアから派遣されてきたローマ軍団の歓迎をユダヤ人に強制したことをきっかけとして、ついに反乱が起こった。反乱軍の攻勢は激しく、ローマの守備軍は敗走し、援軍にかけつけたシリア総督軍も惨敗を喫する有様であった。

この報に接した皇帝ネロの命令により、六万の精鋭軍を率いた将軍ウェスパシアヌスは、エルサレムとわずかなゲリラ拠点を残して、反乱軍の掃討に成功したかに見えた。しかし、六八年皇帝ネロの死によって、ウェスパシアヌスは撤兵し、戦いは一時休止する。翌年、ローマ皇帝となったウェスパシアヌスは、息子のティトスを起用してユダヤに攻め入った。一方ユダヤ側では内紛や飢饉、疫病などによって戦力が低下し、七〇年夏にはついにエルサレムは陥落し、神殿が焼かれた。ローマは以後ユダヤを属州から直轄領とし、サンヘドリン（ユダヤ最高法院）を解散させた。

このとき、エルサレムのキリスト教教会はどうしていたのだろうか？　反乱直前、高まる民族感情の中で、理由は不明だが最高指導者のヤコブが死に、教会はエルサレムからトランス・ヨルダンのペラというところに移転していた。このため、キリスト教会は戦火の影響を直接被ることはなかったが、この日和見的態度というか、難破船から逃げ出すネズミのような態度は、ユダヤ人たちから激しい反感を買うことになった。

かつてヤコブを中心とするエルサレム教会は律法を十分に尊重する態度をとっていたので、ユダヤ教側からも好意的に見られていたが、今やユダヤ社会の中で完全に孤立してしまっていた。このとき、かつて異端視されがちだったパウロ主義の教会群の存在がなかったならば、キリスト教はユダヤ教の一分派として歴史の闇に消えてしまっていたかもしれない。かくして、七〇年以後のキリスト教の主導権は、異邦世界の人々、パウロ主義の諸教会へと移っていくのであった。

第90問

第一次ユダヤ戦争後のユダヤ教とキリスト教の関係はどうなった？

答 典型的な近親憎悪の関係になった。

第一次ユダヤ戦争の敗北によって、エルサレムは廃墟と化し、ユダヤ教は甚大な痛手を被った。神殿は破壊され、祭司階級（サドカイ派）はその存立の基盤をなくした。

しかし、ユダヤ教はそんなことぐらいで消滅はしなかった。かつてアッシリアによるイスラエル北王国の滅亡や南ユダ王国の民のバビロン捕囚など、数々の苦難を乗り越えてきたユダヤ教である。いや、ただ乗り越えてきただけではない。苦難のたびに民族的結束を高め、神への熱情をかき立ててきたのである。それは、ぼろぼろの最下位になってもけっして球団を見放さず、ますます熱狂的に応援を続ける阪神タイガースファンにも似て、健気《けなげ》とも狂気ともいえる。

ユダヤ教は、律法遵守の徹底を叫ぶ保守的なパリサイ派が主流となった。「福音書」でイエスが最も論難した相手はパリサイ派ユダヤ教徒だったが、それはまたしても、こうした時代の過去への投影であったかもしれない。

エルサレム陥落後長年にわたって、ユダヤ教徒とキリスト教徒とはお互いを激しく非難しあった。ユダヤ教徒にしてみれば、キリスト教徒というのは、裏切り者であり、異端であり、無神論者であった。「キリスト教徒に助けられるくらいなら死んだ方がましだ」とか、「キリスト教の礼拝所に行くより、異教の神殿に逃げたい」といったユダヤ教徒の発言が伝承として残っているが、ユダヤ教徒の心情をよく表しているといっていいだろう。

一方のキリスト教側のユダヤ教に対する非難は、「福音書」特に「マタイによる福音書」によく示されている。最もよく用いられているのは、「偽善者」という言葉だ。

パレスチナにおいては、裏切り者のキリスト教徒は肩身の狭い思いをせざるを得なかったが、他方ローマ帝国の諸地域では、偏狭な民族主義を掲げるユダヤ教への抵抗感があり、キリスト教徒が優勢な場合もあった。しかし、概してユダヤ教徒は社会的地位においてキリスト教徒よりも有利であったから、しばしばキリスト教徒はユダヤ教徒の告発によって弾圧を受けた。これに対して、キリスト教徒は「我慢する」ということ以外にあまり有効な反撃の手段は持たなかった。

ユダヤ教とキリスト教の敵対関係は延々と続くことになるが、それは典型的な近親憎悪といってよいだろう。なにしろ両者は、同じ唯一の神を信じ、同じ教典（『旧約聖書』）を用いているのである。古今東西の歴史を見ても、内ゲバほど憎悪むき出しの激しい闘争はない。似ていれば似ているほど、ちょっとの違いがものすごく気になるのである。疎遠な関係だった者と対立しても大したことはないが、親友だとか同志だとか思っていた者との仲違いというものは、いつの場合でも深刻である。あるいは、贋作《がんさく》は似ていれば似ているほど罪が重いということもある。あきらかに偽物だと分かるならば誰もひっかかったりはしない。本物そっくりだからこそ、人は騙される。ユダヤ教から見たキリスト教、キリスト教から見たユダヤ教は、お互い本物にそっくりの、よくできた贋作なのである。どちらが本物かを証明するために、両者は泥沼の死闘を演じ続けねばならなかった。

第91問

キリスト教徒は、他の人々からどのような批判を浴びたのか？

答 人類を敵視する者、無神論者、迷信、淫乱……など。

ローマ帝国の中で次第にその数を増していったキリスト教徒だったが、それにつれて、信者以外の者との社会的摩擦も大きくなっていった。

キリスト教徒を最も敵視したのは、言うまでもなくユダヤ教徒たちだった。彼らによってしばしばキリスト教徒たちが告発されたことは何度か触れてきたが、どんな理由で告発されたのかといえば、迷信に凝り固まって社会の秩序を乱す者、ローマの神々を敵視する者、皇帝を崇拝しない者、などといったことだったと思われる。

ユダヤ教では、組織的にキリスト教を中傷、攻撃した形跡もある。彼らの批判の矛先はイエスという存在に向けられた。記録に残っている代表的な論難は次のようなものである。

イエスは農婦とパンテラという名前の兵士との間に生まれた私生児で、農婦はこの不義のために、大工の夫に離婚された。イエスはエジプトに移住して日雇い労働者となり、エジプト魔術を身につけて帰国した。その魔力に自惚《うぬぼ》れたイエスは自らを神と称したが、結局彼は神によって助けられることもなかったし、自らを救うこともできなかった。彼の予言は偽りであった。彼の弟子たちはイエスの死体を盗み、「彼は蘇った。だから彼は神の子である」と言い触らした。

「福音書」などによって知られるイエスの生涯を、信仰を否定する立場から理性的に批判すれば、その出生が私生児であったこと、イエスの行った奇跡がある種の魔術とか詐術《さじゅつ》であったこと、彼が復活したというのは弟子たちの創作であること、などは当然考えられる観点であろう。キリスト教徒にとっての生命線であるイエスの言動や復活を冒瀆《ぼうとく》することは、キリスト教への効果的な攻撃といえた。

キリスト教を論難したのはユダヤ教徒ばかりではなかった。二世紀のローマ貴族の演説に、キリスト教徒は、親兄弟を含めた老若男女が集まってよく乱交パーティを催している、という内容の記録が残されている。

また、別の記録では、ユダヤ教とキリスト教とを比較して、ユダヤ人の信仰は公然のもので、神殿を持ち、祭壇を備え、犠牲《いけにえ》を捧げ、儀式をとり行っており、またユダヤの神は、人民とともにローマの神々に捕らえられていて大した力はない。しかし、キリスト教徒は、祭壇も神殿も、目に見える神の像も持たない。彼らの唯一の神は誰にも知られていない。いったい、キリスト教徒というのは、どんな怪物、どんな不思議を崇めているのか、と批判されている。

分かりにくく、不快で、怪しげなものだというのが、当時のキリスト教に対する一般人の平均的な考え方だったようだ。もっとも、古今東西を問わず、新しい宗教団体の活動というのは、従来の価値観とは違うところに立脚するものだから、奇異な印象を人々に与える。最初から社会の理解を得られる可能性は低いのだ。

第92問

ドミティアヌス帝時代の迫害とはどういうものだったのか?

答　社会不安を煽《あお》り、皇帝崇拝を拒否するカルト教団として迫害された。

ネロと並ぶ迫害皇帝とされるドミティアヌス帝の在位は、八一年から九六年までであるが、この時期、キリスト教徒たちは、かなり激しい迫害にさらされたようである。

ドミティアヌスは、自らを「主にして神」だと思い込み、自らの巨大な像を建てるなど、人々に皇帝崇拝を強要した。これは、キリスト教徒にとっては許容しがたいことである。折りから、天災による人心不安が社会を襲った。飢饉による穀物騰貴《とうき》ははなはだしく、人々の生活は困窮した。ところが、キリスト教徒たちは、これを最後の審判の先触れ、神の国の近づいたしるしと考えて喜んだというのである。これを伝え聞いた民衆が、キリスト教徒に激怒し、市場から追放したり、殺害に及んだりという事件が起こったのは当然だった。

さらに、ドミティアヌス帝は、異常な嫉妬深さと猜疑心の持ち主だった。九五、六年頃に、執政官で皇帝の従兄弟にあたるフラウィウス・クレメンスと、その妻で皇帝の姪にあたるフラウィア・ドミティア、およびそれに関係する者、前執政官アキリウス・グラブリオと多数の元老院議員がいっせいに処刑されるという事件が起こった。この事件の真相は不明な点も多いが、彼らが逮捕・処刑された理由が、「無神論」とか「ユダヤ人の慣習に溺《おぼ》れた」ためという記録が残されている。もっとも、事件の原因は些細なことだったと言う者や、謀叛《むほん》を図ったためという記録もある。

無神論というのは、当時ユダヤ教やキリスト教に対する批判であり、また、特にキリスト教徒は「ユダヤ人の慣習に溺れた者」として表現される場合が多かった。このことから考えると、一世紀末の時点において、キリスト教は、皇帝の近親者や元老院の有力者にまで信者を獲得するまでになっていたということになる。ユダヤ教徒からは激しく攻撃され、一般の人からも怪しげな集団と見られていたにもかかわらず、社会的地位のある者がキリスト教に入信していたというのはどういうことなのだろうか？

もっとも、これは必ずしも不思議なことではない。あの地下鉄サリン事件を起こした狂気のオウム教団に、高学歴の者が大勢いたというのは、まだ記憶に新しい。また、なにかと物議をかもし、社会的に非難を浴びている宗教団体でも、えっ、あの人が？　と思うような有名人が信者であることはけっこう多い。教団の方でも、有名人を広告塔として利用したりもする。

キリスト教は今でこそ世界宗教となったが、当時のローマ世界では、得体の知れないカルト教団だと一般には見られていた。天災を歓迎するなどというのは、その理念がいかなるものであれ、社会的には受け入れがたいものである。無差別大量殺人をやってのけておいて、「大勢の人がポアされてよかったね」などとうそぶくカルト教団の教祖を社会が許さないのは当然で、このときのキリスト教徒が同じだったとまでは言わないが、いずれにしても、ドミティアヌス帝時代のキリスト教は、皇帝からも民衆からも憎悪を持って迫害されたのである。

第93問

キリスト教に対する政策がころころ変わるのはなぜ？

答 **ローマ皇帝の意向次第で、迫害か寛容かが決まってしまうから。**

ドミティアヌス帝以後のローマ帝国の対キリスト教政策は、簡単に言えば、ときの皇帝次第で迫害に向かったり、寛容に転じたりした。またそれは、常にローマ帝国の全領域で一律に行われたというわけではなく、地域によって異なる場合も少なくなかった。さらには、たとえ帝国の政策が寛容策であっても、民衆が必ずしもキリスト教徒に寛容とはならないための迫害などもあり、三一三年のミラノ勅令によるキリスト教公認にいたるまでの、キリスト教をとりまく状況は実に複雑なものがあった。

ドミティアヌス帝の死によって皇帝の位を継承したのは、六十六歳の元老院議員ネルウァであった。歴史上有名な「ローマ五賢帝」時代の開幕である。ネルウァはドミティアヌスの諸々の政策を転換した。この時代のキリスト教がどうであったか詳しいことは分からないが、前代に比べれば好意的に扱われたものと思われる。

ネルウァの次のトラヤヌスの時代でも、キリスト教政策はそれほどの変化はなかったようである。しかしながら、この時代の記録によれば、告発されたキリスト教徒が棄教しない場合には処刑すべきであるという方針が貫かれていたようである。

次のハドリアヌス帝の時代には、「ハドリアヌス勅令」なるものが出され、告発されたキリスト教徒が法律に違反しているかどうかをまず明らかにすべきで、告発が中傷による場合には、告発者が罰せられることになった。これは、キリスト教徒にとっては大変ありがたいことで、キリスト教徒を告発することが簡単にはできなくなってしまった。

次のアントニヌス・ピウスの時代も、キリスト教徒は比較的平穏なときを過ごすことができたが、五賢帝最後のマルクス・アウレリウス帝（在位一六一〜一八〇）の治世にいたって、キリスト教は再び激しい迫害に見舞われる。この時代には、前代までと違ってキリスト教徒の探索、密告、財産強奪などが奨励され、多くの教会の指導者が殉教するという事態を招いている。哲人皇帝と称されるマルクス・アウレリウスは、ローマの伝統に忠実であろうとし、キリスト教を秩序を乱すものとして嫌ったのだと思われる。

五賢帝の時代が終わって、マルクス・アウレリウスの不肖の息子コンモドゥスが即位する。彼は「第二のネロ」とあだ名されるほどに悪名が高いのだが、不思議なことにキリスト教に対しては寛容であった。彼の愛人はキリスト教にきわめて親切（たぶん信者だったと思われる）だったし、この時代には宮廷内に多数のキリスト教徒が高官として仕えていたことが分かっている。断続的な迫害にもかかわらず、キリスト教徒は着実に社会の各層に浸透していったのである。

このように、ローマ帝国の対キリスト教政策は時々の皇帝によって、迫害、寛容を繰り返すが、三世紀の後半はおおむね寛容な政策がとられ、この時期キリスト教は大発展を遂げる。この時点になると、政府の高官や属州の役人、軍隊にまでおびただしい数のキリスト教徒が入りこんでいった。

第94問 断続的な迫害はキリスト教会に何をもたらしたのか？

答 棄教者をめぐる対立・論争および指導者の質の低下をもたらした。

迫害と寛容の時代が繰り返されると、キリスト教の内部において一つやっかいな問題が起こってきた。

それは、迫害にあって一度は教えを棄て、寛容の時代になってまた教会に戻りたいと願う者が続出したことである。こうした者たちをどのように扱うべきかで、教会内部に深刻な対立・論争が巻き起こってしまった。

迫害の時代には、教会は信者たちに決して屈しないように指導し、実際教え通りに信仰を貫いて命を落とした者もいた。そういう者たちは信徒の鑑《かがみ》として賞賛されたのは当然である。

しかしながら、実際にはそうした例は少数派だった。多くの信者は、一度は棄教して保身を図ったのである。そのような者の復帰は断固認めないという立場と、ある程度の条件つきで復帰を認めようという立場とが対立したわけである。現実問題としては、迫害によって大打撃を受けた教会は、こういう者たちを復帰させなければ勢力を盛り返すのはむずかしいという事情を抱えていた。

また、教会はローマ帝国の各都市に広く分布しており、それぞれある程度の独立性をもって運営されていた。ある教会では棄教者の復帰を断固拒否したとしても、別のある教会が受け入れてしまえば、復帰希望者はそちらに流れていく。そのような事情もあって、結局は、教会は大体において棄教者たちを受け入れる方向に進んでいった。

断続的な迫害は、もう一つ別の問題を生み出した。

数多くの棄教者を出した反面、迫害に耐え抜き、教えを貫いて、なお命を落とさずにすんだという者も当然いた。彼らは、迫害の嵐が過ぎ去ったとき、英雄として教会に迎えられた。迫害に屈しなかった信徒の鑑というわけである。

当然のように、彼らは復帰先で要職につき、信者に説教、指導する側の人間となっていった。ところが、彼らの多くは、迫害に耐え抜いた立派な信者であり、根性と忍耐の人ではあっても、必ずしも教義に通じているとか、指導力があるというタイプの人間とは限らなかったのである。

知性も教養もないけれども不当な弾圧には強いというタイプは、往々にして存在する。むしろ下手な知性や教養など持たない人間の方が、苦境には強いと言えるかもしれない。

そうした人間が教会の指導者となっていったために、教会の指導力が質的に低下するという問題が起こってきた。しかも、教義も分からず、指導性もないのに、おいそれと迫害時代の英雄を解任するわけにもいかない。

ローマ帝国による断続的な迫害は、キリスト教を強靭な宗教に鍛えあげていったという面と、内部対立や質の低下といった問題を生んだという面との、プラス・マイナス両方に作用したと言えるかもしれない。

第95問 第二次ユダヤ戦争は、キリスト教にどういう影響を与えたか？

答 今度はユダヤ人が赤穂浪士になり、キリスト教徒が吉良上野介になった。

五賢帝の一人ハドリアヌス帝（在位一一七〜一三八）は、「ハドリアヌス勅令」で知られるようにキリスト教に対して寛容な政策をとった。ところが、なぜかユダヤ教に対しては厳しい弾圧をしている。

この皇帝は、はじめはユダヤ人に対しても寛容な態度で臨み、帝国とユダヤ人との関係は良好なものだった。ユダヤ人に抑圧的な総督を解任したり、ユダヤ教神殿の再興を検討したほどである。

ところが、ハドリアヌスは、従兄弟がエレウシス密儀という宗教に入信した頃から、その影響を受けてヘレニズム的宗教に強い関心を持つようになり、ユダヤ宥和《ゆうわ》政策を急に変更してしまったのである。また、軍事的な事情から、エルサレムを東方辺境への軍事的拠点とし、軍団を配置した。

皇帝は一三〇年にパレスチナを訪れ、エルサレムをローマの植民市とし、ユダヤ人を追放すること、ユダヤ教の神殿に代わってユピテルという神の神殿を建てることなどを決定してしまう。さらには、割礼《かつれい》を禁止し、ユダヤ教の慣習を捨てるように強要するなど、まるでユダヤ人に反乱を起こして下さいと言わんばかりの政策を次々に打ち出していったのである。

堪忍袋《かんにんぶくろ》の緒が切れたユダヤ人は、一三二年バル・コクバをメシアとして反乱を起こす。この反乱は三年間続き、パレスチナは再び焦土と化した。反乱は徹底的に鎮圧され、以後ユダヤ人はエルサレムに立ち入ることは極刑をもって禁止される。ラビ（教師）アキバをはじめ多くのユダヤ教指導者が処刑され、ユダヤ教はまたしても大打撃を受けた。

ユダヤ教が徹底的に弾圧され、分派を含めて問答無用の禁圧を受けたのに対して、本来ユダヤ教の分派であったはずのキリスト教には何のお咎《とが》めもなかった。

キリスト教は第一次ユダヤ戦争のときと同様、この民族運動にはまったく加わらなかったのだから、処分を受けないのは当然といえば当然かもしれないが、ユダヤ教側としては腹の虫がおさまるわけがない。

イエスの処刑とかペテロ、パウロらが殉教したときとは違って、ローマ帝国はユダヤ教にだけ不当判決を下し、キリスト教には何のお咎めもしていない。これでは片手落ちだと、ユダヤ教徒は、ますますキリスト教への憎悪を深めていった。このときのローマ帝国、ユダヤ教、キリスト教の関係は、「忠臣蔵」における、幕府、浅野内匠頭、吉良上野介の関係で、反乱を企てたユダヤ教は「重々不届き至極」として、死刑、お家は断絶となり、反乱に加わらなかったキリスト教は、「その振る舞い神妙」ということで優遇された。以前とは逆で、今度はユダヤ教徒が赤穂浪士となって、キリスト教に復讐を誓う番となったのである。

かくして吉良上野介となったキリスト教は、ユダヤ教徒がいつ討ち入りしてくるかもしれないと、不安におののかざるを得なくなっていった。

第96問

キリスト教への最後の大迫害とはどんなものだったのか?

答 キリスト教とローマ帝国との最後の熾烈《しれつ》な対決。

解放奴隷からのし上がって皇帝にまでなったディオクレティアヌス帝（在位二八四～三〇五）は、内憂外患《ないゆうがいかん》に悩まされる帝国の現状を打破しようと、東方的専制君主制度と帝国の四分割統治を導入したことで知られる。そして、この皇帝の治世下で、それまで平和を享受しつつ大発展を遂げていたキリスト教に対して、最後の大迫害が起こった。

いまやキリスト教徒は社会のあらゆる階層に浸透し、もはや彼らの支持なくしては、政治も軍事もまわらないという状態であったため、キリスト教の迫害は、帝国の命運を危うくしかねなかった。ディオクレティアヌスも弾圧政策をとることには大きなためらいがあったが、キリスト教を憎悪する副帝ガレリウスや、異教徒からの強いプレッシャー、キリスト教徒の兵役拒否や軍律無視など、さまざまな要因から、三〇三年以降、ついに帝国はキリスト教への大迫害に転じる。キリスト教徒の公職追放、法的保護の停止、ローマ祭儀への参加強要、拒否する者への残虐な刑などの政策が矢継ぎ早に打ち出された。ディオクレティアヌスの引退後は、ガレリウス、ダイアがいっそうのキリスト教徒迫害を続けた。しかし、結局は彼らの軍事的、政治的敗北によって、最後の迫害に終止符が打たれ、キリスト教徒の支持を受けたコンスタンティヌス帝の勝利とともに、キリスト教の勝利のときが訪れる。

第97問 「ミラノの勅令」って何？

答　キリスト教がはじめてローマ帝国の公認宗教とされた勅令。

ディオクレティアヌス帝の始めた四分治制によって、ローマ帝国には正副合わせて四人の皇帝が誕生した。しかしながら、四人の皇帝たちが帝国の支配権をかけて相争うという状態が生まれ、四世紀初めの帝国は一種の内乱状態に陥った。この内乱の最終的な勝利者がコンスタンティヌスで、彼はこの勝利によって、帝国の単一支配者となった。

コンスタンティヌスは、宿敵マクセンティウスとの最後の戦いにおいて、十字架を掲げて戦い、一方のマクセンティウスはローマの神の神託を受けて戦ったとされる。したがってこの戦いは、キリスト教の神対異教の神との代理戦争でもあった。

もっとも、コンスタンティヌスが従来からキリスト教の保護者だったというわけでも、マクセンティウスが反キリスト教だったというわけでもなかった。ただ、最後の決戦において、軍旗として十字架を掲げ、キリスト教徒兵士の支持と信頼を巧みにとりつけたコンスタンティヌスが勝利したということは、キリスト教の未来が約束されたも同然ということであった。

戦いに勝利したコンスタンティヌス帝は、三一三年「ミラノの勅令」を発し、キリスト教を初めてローマ帝国の公認宗教とした。

第98問

ニケーア公会議って何？

答 **ローマ皇帝がキリスト教の神学論争に介入し、異端を排除した会議。**

キリスト教を公認したコンスタンティヌス帝は、三二五年ニケーアの地に各地の司教を集めて会議を開いた。コンスタンティヌスがこの会議を主催した意図は、キリスト教の教義が地域、教会によってさまざまに異なっている状態を解消し、ローマ帝国公認の宗教にふさわしい教義の統一を図ることであった。

この会議は新築の豪華な建物で行われ、司教たちが贅沢《ぜいたく》なもてなしを受けて感激しているうちに、皇帝のペースで重要な取り決めがどんどんなされていった。

キリスト教で分派が発生するのは、主にキリスト論をどう考えるかということに由来する。教会はそうした分派に対して統一を図ろうと、さまざまな考え方を異端として退けてきたが、それでも、各地でいろいろなキリスト論が唱えられ、根強く残っていた。

そうした状況を、コンスタンティヌス帝は力ずくで解消してしまおうとしたのである。このときの会議では、神の子であるキリストと神とは同格ではないとするアリウス派が異端として退けられ、神とキリストと聖霊とは本質において一致するとするアタナシウス派の「三位一体説《さんみいったいせつ》」が正統とされた。これ以後、「三位一体説」がカトリック教会の公式教義として確立していくのである。

第99問 異端とされたものにはどんなものがあったか？

答 キリストを人と見るか、神と見るかでいろいろな見解があった。

カトリック教会は、結局アタナシウス派の「三位一体説」を正統教義として採用したが、それ以前においても、またその以後においても、神とイエスとの関係をめぐってさまざまな異端が存在する。

イエスは普通の人であったが、聖霊を受けたことによってキリストになったとするのが、七〇年代以降ヨルダンを中心に発生したエピオン派である。これは、イエスの人としての側面を強調し、神性を否定するものとして退けられた。

エピオン派とは逆に、イエスの人性を否定し、さらにユダヤ教の神とキリスト教の神とは別ものだとするのが、キリスト教のグノーシス主義と呼ばれるもので、二世紀後半に現れたが、創造神も『旧約聖書』も歴史的キリストも否定するものとして退けられた。

同じくグノーシス主義的な神学を展開したのがマルキオン派で、キリストの肉体的存在と最後の審判を否定している。二世紀中頃から広範に普及したが、結局異端とされた。

この他、東方に伝播して中国で「景教《けいきょう》」と呼ばれるようになったネストリウス派などが異端としてよく知られているが、これはイエスの人性と神性とは、道徳的進化によって次第に結合し、昇天によって完全に一致したとするもので、四世紀以降に盛んとなる。

第100問 キリスト教教会が東西に分裂したのはなぜ？

答 ローマ帝国が東西に分裂したことが大きく影響したから。

キリスト教を公認したコンスタンティヌス帝は、ローマ帝国を統一するイデオロギーとしてのキリスト教に期待をしていた。しかし、その肝心のキリスト教に多くの分派があったのでは意味がない。そのため、キリスト教の神学論争に強引に介入し、何が正統で何が異端かをはっきりさせたかったわけである。

彼の強権発動によって、いちおう正統な教義が確立したようではあったが、キリスト論をめぐる異端の説は根強く、その後もキリスト教は必ずしも統一されることはなかった。

キリスト教はローマ帝国から公認されて後、ますます発展し、一時ユリアヌス帝（在位三六一〜三六三）のときに危機を迎えるが、結局三九一年、テオドシウス帝（在位三七九〜三九五）によってローマ帝国の国教となる。イエスの処刑以後、三百数十年にして勝ちとった栄光だった。

しかし、公認され、国教となったからといって、キリスト教徒の中には素直に喜べない者もいた。ローマ帝国の東方においては、キリスト教徒はこの勝利を素直に喜び、皇帝は神の恩寵を受けた神の代理人として位置づけられ、教会と国家とは協調すべきものという考え方が支配的だった。この考え方は後に「皇帝教皇主義」へとつながっていく。

それに対して帝国の西方では、国家や皇帝の権威を単純には認めないという空気があった。今までさんざん迫害を受け、「大いなるバビロンは倒れた」（「ヨハネ黙示録」）と言ってローマ帝国を呪いさえしたのに、公認されたからとて手の平を返すように簡単に妥協でけるかい！　という気持ちである。国家や皇帝が神の意志を忠実に実行しているというなら認めるが、そうじゃないときには、オレたちゃ許さないぜ、というわけで、教皇の権威は国家や皇帝に優るべきものだという考え方が生まれ、実際に教皇が皇帝を叱りつけたり、破門して謝罪させるなどということも後には起こっている。

ローマ帝国の東方と西方とでは、宗教観、国家観、教会観にこのような隔《へだ》たりがあった。そして、三九五年、テオドシウス帝の死によってローマ帝国は東西に分裂し、二度と統合されることはなかった。これによって、元々考え方に隔たりのあった東西の両教会の分裂は決定的となる。

教会の東西分裂の原因は、宗教観の違いだけでなく、経済的な問題や主導権争いなど、世俗的な側面も見逃せない。ただ、成立当初からユダヤ系とギリシア系の二大派閥が葛藤し合い、発展とともに数々の分派や異端を生み、さらに後世には、ギリシア正教、ロシア正教、ルター派、カルビン派、英国国教会などなどを生みつつ、それでもキリスト教という大きな枠組みの中で、西洋世界の中心的宗教として今なお君臨し続けるこの宗教の生命力には驚嘆せざるを得ない。それは、もちろん、多くの派閥を抱え、その対立・抗争をバネにして日本政界に君臨し続ける自民党などとは比較にならないほどのバイタリティーなのであろうが、統一性と多様性、柔軟性こそが、キリスト教が世界宗教として勝利をおさめた原因なのかもしれない。

聖書関係年表②

50	パウロの第二回伝道旅行（～52）。
	この頃「テサロニケ人への第一の手紙」（新約聖書最古の文書）成立
52	パウロの第三回伝道旅行（～56）
64	ローマの大火。この前後、パウロ、ヤコブ、ペテロら相次いで殉教か
66	**第一次ユダヤ戦争（～73）**
68頃	キリスト教徒、エルサレムを退去
70	**ローマ軍エルサレムを占領。サンヘドリン解散、大祭司制廃止される**
	この頃「マルコによる福音書」成立
80年代	「マタイによる福音書」「ルカによる福音書」「使徒行伝」などが成立
95～96	ドミティアヌス帝治下のキリスト教徒迫害
90年代	「ヨハネの黙示録」成立
100頃	「ヨハネによる福音書」成立
132	**第二次ユダヤ戦争（～135）**
177	マルクス＝アウレリウス帝治下のキリスト教徒迫害
202～203	セプティミウス＝セウェルス帝治下のキリスト教徒迫害
236	マクシミヌス帝治下のキリスト教徒迫害
250	デキウス帝治下のキリスト教徒迫害
251～253	ガルス帝治下のキリスト教徒迫害
257～258	ウェレリアヌス帝治下のキリスト教徒迫害
293	ディオクレティアヌス帝による帝国四分治制はじまる
303～304	ディオクレティアヌス帝によるキリスト教徒迫害
311	ガレリウスの寛容令
311～312	ダイアによる最後のキリスト教徒迫害
313	**ミラノの勅令**。コンスタンティヌス帝によるキリスト教の公認
325	ニケーア公会議。アリウス派が異端とされる
380	**キリスト教がローマ帝国の唯一の公認宗教＝国教となる**
	この頃、**『新約聖書』が成立**

聖書関係年表①

紀元前	
1800 頃	イスラエルの始祖アブラハム、カナンの地に移住
1290 頃	**モーセによる出エジプト**
1250～1200	イスラエル人のカナン定住
1200～1020	士師の時代
1020～1000	サウル王の時代
1000～961	**ダビデ王**の時代
961～922	**ソロモン王**の時代
922	イスラエル、南北二王国に分裂
722	アッシリア帝国によって北イスラエル王国滅亡
597	第1回バビロン捕囚
587	**エルサレム陥落**
586	第2回バビロン捕囚
581	第3回バビロン捕囚
537	ユダの捕囚の第1回エルサレム帰還
520	第二神殿建設
400 頃	「モーセ五書」が正典化される
200 頃	「預言書」が正典化される
90 頃	**『旧約聖書』が成立**
63	ローマによるパレスチナ支配が始まる
37	ヘロデ、ユダヤ王となる（～4）
27	オクタビアヌス、アウグストスの称号を受け、事実上のローマ帝政が始まる
7？～4？	この頃、**イエス生まれる**
紀元後	
6	ユダヤ、ローマの属州となる
18	カヤパ、大祭司となる（～37）
26	ピラト、ユダヤ総督となる（～36）
28 頃	バプテスマのヨハネが処刑される
30 頃	**イエスが処刑される**
32 頃	ステパノが殉教する
33 頃	パウロの回心
48	パウロの第一回伝道旅行（～49）
49 頃	**エルサレム使徒会議**

参考文献

『聖書入門』小塩力　岩波書店　一九五五年
『キリスト教と世界宗教』アルベルト・シュバイツェル・著　鈴木俊郎・訳　岩波書店　一九五六年
『ローマ帝国衰亡史』ウオールバンク・著　吉村忠典・訳　岩波書店　一九六三年
『古代ユダヤ教II』マックス・ウェーバー著　内田芳明・訳　みすず書房　一九六四年
『ユダヤ思想』アンドレ・シュラキほか・著　渡辺義愛・訳　白水社　一九六六年
『ローマ帝国とキリスト教』弓削達　河出書房新社　一九六八年
『キリスト教の成立』半田元夫　近藤出版社　一九七〇年
『批判的主体の形成』田川建三　三一書房　一九七一年
『パウロの生涯』石原兵永　山本書店　一九七二年
『初期キリスト教史の諸問題』荒井献　新教出版社　一九七三年
『イエスとその時代』荒井献　岩波書店　一九七四年
『聖書の世界・総解説』木田献一他・編　自由国民社　一九七五年
『イエスの時代』ハンス・コンツェルマン他著　佐藤研・訳　教文館　一九七五年
『キリスト教の起源』カール・カウツキー・著　栗原佑・訳　法政大学出版局　一九七五年
『キリスト教と文明』エーミル・ブルンナー・著　熊沢義宣・訳　白水社　一九七五年
『聖書の起源』山形孝夫　講談社　一九七六年
『歴史的類比の思想』田川建三　勁草書房　一九七六年
『モーセ』浅野順一　岩波書店　一九七七年
『キリスト教の悲惨』ヨアヒム・カール・著　高尾利数・訳　法政大学出版局　一九七九年
『パウロ』八木誠一　清水書院　一九八〇年
『イエスという男』田川建三　三一書房　一九八〇年
『聖書を読み直すII』高尾利数　春秋社　一九八〇年
『宗教とは何か』田川建三　大和書房　一九八四年
『神の子』マルティン・ヘンゲル・著　小河陽・訳　山本書店　一九八八年
『ユダヤ人とは誰か』アーサー・ケストラー著　宇野正美訳　三交社　一九九〇年
『聖書をどう読むか』佐古純一郎　大和出版　一九九二年
『聖遺物の世界』青山吉信　山川出版社　一九九九年
『「新約聖書」の誕生』加藤隆　講談社　一九九九年
『宗教史地図・キリスト教』諸留能興　朱鷺書房　一九九九年

著　者　杉山光男（すぎやま・みつお）
1956年、宮城県生まれ。東京大学文学部西洋史学科卒。専攻は原始キリスト教。宗教の歴史的変遷に造詣が深く、編集業の傍ら、歴史ドキュメント、漫画原作など多方面で執筆活動を行う。
主な著書に『信長殺しの犯人は秀吉だった！』（徳間ブックス）『小説ＫＡＺＥ—魔雲関ヶ原の巻』（徳間書店）などがある。

歴史文化100問委員会
歴史と文化の面白さを分かりやすく解き明かすことをテーマとする研究者・作家・編集者の集団。なぜ？　どうして？　という素朴な疑問を重視することを旨とし、100問委員会と名付けた。代表、杉並良太郎。

装　丁　中野岳人

DMD

出窓社は、未知の世界へ張り出し
視野を広げ、生活に潤いと充足感を
もたらす好奇心の中継地をめざします。

新約聖書100問勝負

2001年2月26日　初版印刷
2001年3月10日　第1刷発行

著　者　杉山光男＋歴史文化100問委員会
発行者　矢熊 晃
発行所　株式会社 出窓社
東京都武蔵野市吉祥寺南町1-18-7-303　〒180-0003
電　話　0422-72-8752
ファクシミリ　0422-72-8754
振　替　00110-6-16880
組版・製版　東京コンピュータ印刷協同組合
印刷・製本　株式会社シナノ

ISBN4-931178-34-0　NDC910　188　208p